MYLES MUNROE

MYLES MUNROE

Re-DESCUBRA LA FE

¿Dónde está su Fe?

ENTENDIENDO LA NATURALEZA DEL REINO

Traducción: Carlos Mauricio Páez
Edición: Miguel Peñaloza

Publicado y Distribuido por Editorial Desafío
Cra. 28A No. 64A-34, Bogotá, Colombia
Tel. (571) 630 0100
E-mail: desafío@editorialbuenasemilla.com
www.editorialdesafio.com

Categoría: Vida Cristiana
Producto No. 600024
ISBN: 978-958-737-038-6

Impreso en Colombia
Printed in Colombia

Dedicatoria

A Ruth, mi querida esposa por más de 30 años, y a mis preciosos hijos Charisa y Chairo Myles Jr. La fe que ustedes depositan en el liderazgo que ejerzo sobre nuestra familia me enseñó la mejor lección sobre la fe que profeso a mi Padre celestial.

A Matthias Munroe, mi querido padre, cuya fe firme en Dios a través de las muchas pruebas y retos para criar a once respetables y exitosos hijos me impulsó a creer que nada es imposible.

A mi hermana Suzan Hall y a su difunto esposo Steve. Su compromiso con Dios y la demostración de una fe de calidad ante la enfermedad, e incluso ante la muerte, me impulsa a enfrentar el futuro con una confianza sin mancha.

A los millones de personas que luchan diariamente con las numerosas vueltas que da esta vida: Que este libro se convierta en una fuente de estímulo y que avive su fe para creer en un mejor mañana.

A Jesucristo, el autor y ejecutor de mi fe: Gracias por tener fe en mí, la suficiente para morir y restaurar mi fe en ti.

Menciones

Ningún logro en la vida jamás es el resultado del esfuerzo individual y aislado sino es el producto del aporte y apoyo colectivo de muchas personas en nuestra vida. Esta obra no es diferente. Quiero agradecer a mi amigo, confidente y redactor en el transcurso de los años, Don Milam, quien continúa animándome a poner mis ideas por escrito creyendo que este esfuerzo les puede ayudar a otros en su viaje terrenal. Don, su aporte y seguimiento a este proyecto hizo posible que yo le llevara este manuscrito al mundo.

Quiero agradecer a mi esposa, Ruth y a mis hijos, Charisa y Chairo, que me permitieron pasar días y noches sumergido en las páginas de la investigación y con la mirada fija en la pantalla de mi computadora portátil para que elaborara esta obra. Gracias, los amo a todos.

A Sandra Kemp, una mujer con tanta fe que se rehúsa a renunciar y a morir, y más bien continúa la buena batalla de la fe sin dudar jamás en la fidelidad de su Dios que la libró del dolor que le causa el malestar físico. Gracias por la inspiración.

A los miembros de la iglesia *Bahamas Faith Ministries Fellowship* en Nassau, Bahamas, cuya fe en mí como su líder me llevó a buscar las respuestas a preguntas y asuntos que necesitaban ser abordados. Este libro es el resultado de una de estas investigaciones. Gracias.

Contenido

Prefacio

Ningún hombre puede vivir apartado de su fe! ¡La mayor pérdida en la vida es la carencia de la fe! El mayor reto en la vida es creer en medio de la vida misma. El mayor reto de la vida diaria es que la vida se vuelve muy rutinaria. ¡La vida jamás se detiene!

¿Alguna vez ha deseado que la tierra deje de girar y lo deje salir por un rato para tomarse un descanso de su larga lista de demandas, decisiones, consideraciones, preguntas, retos, responsabilidades, expectativas, promesas y obligaciones? ¿Siente la presión de las exigencias imprevistas de la vida diaria? Cuentas por pagar, trabajo por conservar, niños que criar, esposa que sostener, casa que cuidar y proteger, comida que comer, agua que tomar, ropa que vestir, amigos que ayudar, impuestos que pagar y reputación que mantener?

¡Entonces llega lo inesperado! La pérdida del trabajo, la muerte de un padre, un cónyuge o un hijo, el hallazgo de una enfermedad incurable en su familia o en su propio cuerpo, la finalización de una amistad o un divorcio, la opresión de un hábito personal o el abuso de sustancias prohibidas por un miembro de su familia, o el fracaso de su negocio. Así es la vida mientras estemos en el planeta Tierra. Todos los habitantes de la tierra deben afrontar los mismos retos, y el que usted tenga éxito o fracase depende de la forma como usted maneje su fe.

La mayoría de nuestros semejantes en el planeta experimentan apuros, frustraciones, depresión y el fracaso total en su intento por afrontar estos retos. Muchos prefieren fingir que los retos no existen, mientras que otros ahogan su incapacidad para abordar las dificultades en un mar de alcohol, drogas y otros comportamientos autodestructivos y antisociales. Muchos perdieron la confianza en los sistemas políticos sociales, económicos y religiosos de sus países y optaron por retractarse de la forma de vida del ciudadano medio. Muchos ya no creen que pueda haber paz en la tierra ni reconocen que las Naciones Unidas puedan prevenir las guerras. Otros renunciaron a creer que los políticos puedan resolver nuestros problemas nacionales y que los científicos les hagan frente a nuestros retos médicos y ambientales. Aún otros viven diariamente atemorizados por el terrorismo o se mantienen alejados y observan la degradación de la vida humana por la limpieza étnica, al aborto, o a las campañas bélicas. ¡La humanidad va hacia una encrucijada crítica! La humanidad ahora se pregunta si existe alguna alternativa para el mundo que hemos creado. En esencia, la mayoría de la humanidad simplemente ha dejado de creer. Perdió la fe en la fe.

El perder el trabajo, al cónyuge, a un hijo, el hogar o el negocio, son tragedias indiscutibles, pero estas no se comparan con las mayores pérdidas que alguien pueda experimentar. La mayor pérdida en la vida sobre la tierra es la pérdida de la fe. *¡Cuando alguien pierde la fe, pierde la esperanza!* Cuando se pierde la esperanza, entonces se cancelan los propósitos y el significado no tiene justificación. La fe es la fuente de la razón y la materia prima para el compromiso, la persistencia y la fidelidad. La vida no tiene explicación cuando se pierde la fe. ¡Pierda lo que pierda en medio de la vida diaria, jamás pierda su fe en la vida!

¡El libro trata de este reto! No trata simplemente de la necesidad de la fe sino del modelo correcto de la fe. ¡La mayoría de lo que denominamos actualmente la fe es simplemente una expectativa conveniente! Dicho de otro modo, sólo creemos en lo que queremos, esperamos y estamos dispuestos a aceptar. Nuestra fe se basa en lo que definimos e interpretamos como lo bueno, correcto y aceptable y, por consiguiente, en lugar de creer en la naturaleza soberana y en la perspectiva omnisciente del Creador, nuestra fe es únicamente válida siempre y cuando nuestras expectativas estén de acuerdo con nuestra definición de lo bueno.

Este libro fue escrito para retar la calidad y la naturaleza de la fe que heredamos de nuestro sistema de creencias contemporáneo y compararla con la trayectoria de los campeones de la fe que fueron puestos a prueba en su tiempo y superaron todo tipo de retos.

Mi intención es hacer que usted cuestione el tipo de fe que abrazó y vea si es de tal calidad que puede resistir la prueba de las decepciones—los momentos de crisis inesperados invadidos por el silencio de Dios y por la pérdida de todo lo que usted aprecia demasiado—. ¿Qué tipo de fe tiene usted? ¿Cree en la oscuridad lo que creía en la luz? ¿Cree todavía en algo tras haber perdido todo? ¿Cree en la esperanza aún cuando la esperanza deje de existir para usted? ¿Tiene fe cuando está en medio de la duda?

Espero que estas páginas aviven en usted un tipo de fe que lo impulse en la vida y le dé una fe que represente una amenaza a la tragedia y se vuelva una crisis para su crisis. Deseo que usted redescubra la fe en la cultura perdida del Reino del Cielo y comience a vivir en un nivel donde no se detenga con los cambios constantes de la vida en la tierra. La meta de este libro es que nos ayude a todos a restaurar el poder del Reino de la Fe.

Prólogo

La crisis económica global del 2008 que comenzó con el colapso de las principales instituciones financieras en los Estados Unidos luego tuvo un "efecto dominó" por toda Europa, el pacífico asiático, África, América del Sur, el Lejano Oriente, e incluso, mi región del Caribe sufrió varios incidentes de aquellos que hacen que los países funcionen de una manera eficaz: (1) la interdependencia de los países, las economías y las sociedades; (2) el papel apremiante del valor monetario en el funcionamiento de la economía. La verdad es que todos los países y las sociedades deben desarrollar y mantener una ley monetaria que les permita la actividad comercial, el intercambio de mercancías y las operaciones de negocios dentro del sistema social. Esta economía monetaria se establece por la autoridad gobernante de la nación que sirve de factor de apoyo para el funcionamiento diario y para la estabilidad del país. Sin esta moneda nacional común es imposible existir como país. Nada ocurre sin esta moneda y así es como todas las personas en la estructura social buscan acceso y posesión de esta moneda.

Aunque invisible, el Reino del Cielo también es un país y, como tal, también funciona con un intercambio y operaciones monetarias. El amor es la cultura del Reino del Cielo; su atmósfera es la Esperanza; y su moneda común es la Fe. La moneda del

Reino del Cielo es la Fe. Las declaraciones hechas por el mismo Rey sobre el papel de la Fe en el Reino recalcan la necesidad indispensable, la prioridad y el valor de la misma para la vida en el Reino del Cielo en la tierra. Fíjense en lo siguiente:

> *...Se hará con ustedes conforme a su fe...* (Mateo 9:29-30).

> *Y por la incredulidad de ellos, no hizo allí muchos milagros...* (Mateo 13:58).

> *— ¡Mujer, qué grande es tu fe! —contestó Jesús—. Que se cumpla lo que quieres...* (Mateo 15:28).

> *—Porque ustedes tienen tan poca fe —les respondió—. Les aseguro que si tienen fe tan pequeña como un grano de mostaza, podrán decirle a esta montaña: "Trasládate de aquí para allá", y se trasladará. Para ustedes nada será imposible* (Mateo 17:20).

> *—Les aseguro que si tienen fe y no dudan —les respondió Jesús—, no sólo harán lo que he hecho con la higuera, sino que podrán decirle a este monte: "¡Quítate de ahí y tírate al mar!", y así se hará. Si ustedes creen, recibirán todo lo que pidan en oración* (Mateo 21:21-22).

> *Al ver Jesús la fe de ellos, le dijo al paralítico: —Hijo, tus pecados quedan perdonados* (Marcos 2:5).

> *Y él se quedó asombrado por la incredulidad de ellos* (Marcos 6:6).

Les digo que sí les hará justicia, y sin demora. No obstante, cuando venga el Hijo del hombre, ¿encontrará fe en la tierra? (Lucas 8:8).

... Hemos dicho que a Abraham se le tomó en cuenta la fe como justicia (Romanos 4:9).

Por eso la promesa viene por la fe... (Romanos 4:16).

En realidad, sin fe es imposible agradar a Dios, ya que cualquiera que se acerca a Dios tiene que creer que él existe y que recompensa a quienes lo buscan (Hebreos 11:6).

Porque en el evangelio la justicia de Dios se revela por fe y para fe, como está escrito: Mas el justo por la fe vivirá (Romanos 1:17 RV).

Mas el justo vivirá por fe; y si retrocediere, no agradará a mi alma (Hebreos 10:38 RV).

Estas afirmaciones indican claramente la necesidad de la fe para funcionar en la economía y en la sociedad del Reino del Cielo en la tierra. La esencia de esta moneda del Reino es que aquí nada se puede experimentar ni aplicar sin "creer y sin esperar" que ellas se conviertan en su derecho como ciudadano. El Reino se activa al creer que la vida es real, relevante y presente. Debemos creer en el gobierno del Reino y en sus promesas constitucionales con una convicción plena de que funcionará ahora y en el futuro

—Tengan fe en Dios —respondió Jesús—. (Marcos 11:22).

Que su vida se llene de abundante fe y que usted se beneficie cada día.

Introducción

"En la duda... tenga fe"

Las ruedas de nuestro enorme avión 747 tocaron suavemente la pista caliente del aeropuerto egipcio con un ruido sordo después de quince horas de vuelo, lo cual formó parte del historial de otro aterrizaje tranquilo en mis viajes frecuentes por el mundo. Era mi primer viaje al Cairo. El calor desértico de esta ciudad antigua nos recibió y cubrió a mi esposa y a mí como una manta caliente. Sentí inmediatamente que acababa de dar un salto en el tiempo hacia la historia. Todos los relatos que escuché y aprendí de niño sobre este país apartado estallaron de repente y ahora esta tierra se había vuelto una realidad viva y extensa delante de mí, como una aventura de *"Indiana Jones."*

He viajado miles de kilómetros por más de setenta países y he conocido un sinnúmero de ciudades, culturas, climas y costumbres sociales y religiosas, pero cada nuevo lugar vuelve a encender en mí un espíritu infantil un presentimiento como una novela de misterio desconocida que me atrae a explorar sus páginas no leídas. El Cairo fue ese tipo de ciudad. Los escritos bíblicos del gran líder y libertador, Moisés, en sus cinco libros del Antiguo Testamento, nos dejaron un registro histórico repleto de acontecimientos que se llevaron a cabo en esta tierra rica de cultura. Estuvimos siete días, viajamos por todo el país y visitamos las ciudades antiguas de El Cairo, Luxor y las mundialmente famosas tumbas antiguas de los faraones egipcios, las pirámides.

Recuerdo la sensación impresionante que tuve al recorrer las ruinas antiguas de Luxor, cuando estiré mi cuello para ver las columnas macizas del templo, las esculturas enormes y los jeroglíficos maravillosamente preservados como si hubieran sido escritos ayer. No pude evitar sentir la fuerza y el misterio de lo desconocido mientras contemplaba la realidad de una civilización que todavía deja perpleja a la mente moderna. ¡Muchas preguntas inundaron mi mente! ¿Cómo construyeron ellos estos edificios imponentes? ¿Cómo transportaron y levantaron esas rocas macizas que se elevaban por encima de nuestros diminutos cuerpos? ¿Qué tipo de ritos y acontecimientos se llevaron a cabo en estos pasillos sagrados? ¿Cómo eran estas personas y qué los motivaba?

Mis preguntas sin respuestas aumentaron al día siguiente cuando llegamos a las esperadas pirámides. Me imaginaba cómo iban a ser por lo que había leído en las páginas de los libros de historia que tuve de niño. Pero mi imaginación no me preparó para lo que vi ese día. Allí, bajo el calor sofocante del sol desértico se erigían delante de mí lo que millones de personas soñaban: las tres pirámides principales de los antiguos faraones egipcios. Sentí de repente que me encogía como en un mundo de miniatura cuando nuestro guía nos condujo por la primera pirámide. Quedé totalmente pasmado por el tamaño real de las rocas que conforman la estructura—cada una era más grande que cualquier automóvil u autobús que hubiera visto—. Luego estaba la altura enorme de la pirámide acoplada con los ángulos perfectos que se extendían hacia el cielo despejado.

Mi imaginación fue bombardeada otra vez cuando ingresamos por la abertura que conduce hacia las celdas interiores de los líderes poderosos de Egipto. Sentí que las civilizaciones fluían por mi vida mientras inspeccionábamos una elegante exposición de los restos del joven faraón, el Rey Tut. Allí, en las vitrinas de este salón grande y amplio estaban los artefactos de la magnificencia de Egipto. Debo confesar que estuve completamente anonadado, como también lo estuvo mi esposa y las muchas otras personas que nos acompañaban.

Las preguntas surgían en mi mente como las aguas de un maremoto. El viaje terminó ese día con más preguntas que respuestas—, y con la conclusión de que la realidad de la vida se encuentra en sus misterios. ¡Uno nunca va a tener todas las respuestas! Uno nunca va a solucionar todos los problemas del conocimiento. Uno nunca resolverá todos los dilemas. Siempre habrá cosas en la vida que uno no pueda explicar. A veces, vivir la vida sin explicaciones es un reto que debemos aceptar. Los espacios en blanco en las experiencias de la vida son los que causan gran perplejidad. Hay algunas cosas que jamás entenderemos. ¿Qué hacer cuando uno no sabe qué hacer? Uno debe seguir creyendo. Los misterios de la vida siempre dan lugar para la fe.

CAPÍTULO 1

¿Dónde está su fe?

"La fe lo hace todo posible…
el amor lo hace todo sencillo"

La vida está repleta de misterios. Las preguntas sobre la naturaleza y el significado de la vida son universales para cada cultura y generación. Todos reflexionamos hasta cierto punto sobre el propósito de la vida. Así como nuestros antepasados, miramos con asombro al cielo nocturno iluminado por millones de estrellas en la majestuosidad de los cielos y nos preguntamos: "¿De dónde vengo? ¿Por qué estoy aquí?". Compartimos un vínculo común con el salmista de antaño que escribió: *"Cuando contemplo tus cielos, obra de tus dedos, la luna y las estrellas que allí fijaste, me pregunto: «¿Qué es el hombre, para que en él pienses? ¿Qué es el ser humano, para que lo tomes en cuenta?»"* (Salmos 8:3-4). Contemplamos el rostro de un bebé recién nacido y nos maravillamos del misterio y la magnificencia de una vida nueva. Los misterios, grandes o pequeños, llenan nuestra existencia diaria.

Otro escritor antiguo lo expresó bien: *"Tres cosas hay que me causan asombro y una cuarta que no alcanzo a comprender: el rastro del águila en el cielo, el rastro de la serpiente en la roca, el rastro del barco en alta mar, y el rastro del hombre en la mujer"* (Proverbios 30:18-19). Los misterios nos rodean. El misterio forma parte de lo que hace que la vida valga la pena vivirla.

Muchas personas, sin embargo, no lo ven de esa forma. Quieren que la vida esté desmenuzada en pequeñas dosis para su fácil consumo. Desean, al estar incómodos con el misterio, que el significado de la vida esté separado en diagramas y viñetas sin confusión, sin incertidumbre y sin nada que cambiar. Sin embargo, tienen la decepción asegurada porque la vida simplemente no es así.

Debemos estar dispuestos a abrazar el misterio si queremos construir vidas realizadas y estables con propósito y significado. Debemos aceptar el hecho de que jamás conoceremos todo lo que nos gustaría entender. Algunas cosas siempre van a estar lejos de nuestro alcance y algunos asuntos estarán perpetuamente más allá de nuestro entendimiento. Esto significa que debemos abordar la vida con una dosis provechosa de humildad y admitir que no conocemos ni podemos conocer todo. Nuestra actitud debe ser como la de David, el rey poeta de la antigua Israel que escribió: *"Señor, mi corazón no es orgulloso, ni son altivos mis ojos; no busco grandezas desmedidas, ni proezas que excedan a mis fuerzas. Todo lo contrario: he calmado y aquietado mis ansias. Soy como un niño recién amamantado en el regazo de su madre. ¡Mi alma es como un niño recién amamantado! Israel, pon tu esperanza en el Señor desde ahora y para siempre* (Salmos 131:1-3). La humildad y la fe nos ayudarán a ocuparnos de los misterios de la vida.

Los misterios de la vida

¿Qué hacer cuando la vida me da un golpe a ciegas? ¿Cómo reaccionar cuando ocurre lo inesperado? Imagínese qué haría usted si muriera su cónyuge estando recién casado. ...o si su padre se quita la vida...o su madre resulta no ser su madre biológica. Si su hermana es una prostituta o su hermano revela su secreto de ser homosexual. Se incendia su casa, su hijo muere de repente, o la criatura de su primer embarazo nace muerta. Pierde los ahorros y la inversión de toda una vida en un negocio. Los miembros de su familia mueren en un accidente de avión y dejan a unos bebés para cuidar... ¿Cómo podría uno explicarse o entender estas tragedias?

Estas son preguntas en la vida que jamás podremos contestar. Algunos insisten en buscar respuestas para todo. Asumen que ningún área del conocimiento está más allá del entendimiento humano. Por consiguiente, se deprimen cuando algo los confunde. Nuestra búsqueda insaciable del conocimiento y del entendimiento es completamente racional hasta cierto punto. Después de todo, nuestro Creador nos concibió para que tengamos curiosidad sobre nosotros y el mundo en que vivimos. La clave es mantener todo en la perspectiva correcta. Una parte de esta perspectiva consiste en reconocer que hay algunas cosas que simplemente jamás entenderemos.

Algunas personas me preguntan por qué nunca me muestro deprimido ni frustrado. Una razón es porque comprendí que hay algunas preguntas que jamás podré contestar. Trato de descubrir algunas respuestas pero acepto que algunas cosas son reservadas (y quizás siempre lo serán), y sigo adelante. Hay preguntas que jamás podremos responder. Reconocer esta verdad hace la vida mucho más sencilla.

Hay cosas en la vida que jamás podremos explicar. Algunas cosas que vemos o experimentamos en la vida desafían la explicación racional. Simplemente acéptelas. Disfrutará más la vida. Las salas psiquiátricas están repletas de personas que estuvieron bajo la presión de tratar de explicar lo inexplicable. Reconozca ahora en su mente que hay algunas cosas que jamás podrá explicar. Si no lo hace estará deprimido todo el tiempo.

Hay cosas en la vida que jamás podremos cambiar. Hoy disfruto la vida porque hace treinta años me di cuenta que hay algunas cosas que no puedo cambiar, de modo que es inútil intentarlo. Se dice que el noventa por ciento de la vida se compone de cosas que no podemos cambiar. La mayoría de nosotros vive vidas frustradas porque vivimos apurados y preocupados por el noventa por ciento de la vida que no podemos cambiar. Por el contrario, debemos enfocarnos en el diez por ciento que sí *podemos* cambiar. Llorar, preocuparse y lamentarse por las injusticias de la vida no cambiará nada; excepto, quizás, su tensión arterial. No caiga en la trampa.

Hay cosas en la vida que no podemos controlar. Hay quienes se obsesionan con el control de otras personas o cosas porque piensan que deben manejar al detalle cada aspecto de la vida, no sólo de ellas sino de todos los que están a su alrededor. Todos conocemos a alguien así: un jefe, un padre, un hijo, un cónyuge. La mayoría de nosotros hemos experimentado el efecto devastador que una personalidad dominante puede tener en la vida de los demás.

Al final, sin embargo, ninguno de nosotros puede controlar lo que hacen los demás, ni siquiera los más cercanos a nosotros. Les podemos enseñar nuestros valores, les podemos dar a conocer nuestros deseos, e incluso podemos "obrar autoritariamente"; pero en últimas, ellos toman sus propias decisiones y cargan con su propia responsabilidad. Y nosotros hacemos lo mismo. Quizás su pareja decidió abandonarlo. Usted puede rogarle, negociar, llorar, engatusar, e incluso orar; pero si él o ella ha resuelto dejarlo, no hay nada que usted pueda hacer. Quizás un hermano o un hijo o hija se drogan. Usted puede vociferar, delirar, predicar y asediar, pero realmente tiene poco control sobre las decisiones que él o ella tomen. Seamos realistas; hay algunas cosas en la vida que no podemos controlar Acepte este hecho.

Hay cosas en la vida que no podemos detener. Si uno se para en el ferrocarril frente a un tren que se dirige a toda velocidad hacia uno, hay dos opciones: quitarse del camino o quedarse y ser atropellado. La vida es así a veces. Algunas cosas que nos llegan son imparables, de modo que uno debe aprender a soportarlas. Si uno intenta pararse en el camino y detenerlas, tal como una persona de cara a un tren a toda velocidad, este continuará hacia donde se dirige y uno se destruirá.

Hay cosas en la vida por las cuales no somos responsables. Por mucho que nos esforcemos por criar bien a nuestros hijos, ellos tomarán decisiones imprudentes o cometerán errores estúpidos que acarrean consecuencias graves. Por mucho que nos preparemos cuidadosamente para las contingencias de la vida—las finanzas, la salud, la jubilación, etc.—, puede sobrevenir la adversidad y echarlo todo por tierra. A veces hacemos las cosas lo mejor posible y aún así ocurren cosas desagradables. No somos responsables por esas cosas. Somos responsables únicamente por la manera como respondemos a esas cosas y por lo que hacemos con el tiempo y los recursos que Dios nos dio.

Hay cosas en la vida que no podemos superar. Algunas personas no reconocen sus límites, mientras que otras se rehúsan a aceptar cualquier limitación. Este tipo de actitud es arrogante y tonta. Todos tenemos límites y somos más felices cuando reconocemos estos límites. Una de las afirmaciones favoritas en mi vida es: "No sé". Esta es una de las declaraciones más poderosas y justificadoras que cualquiera de nosotros puede hacer en la vida.

La oración escrita hace muchos años por el pastor y teólogo estadounidense Reinhold Niebuhr capta perfectamente la actitud que debemos tomar ante los misterios de la vida. La primera parte de la oración es muy familiar para la mayoría de nosotros:

> Señor Dios, concédeme la paciencia para
> aceptar las cosas que no puedo cambiar, el
> valor para cambiar las cosas que puedo cam-
> biar y la sabiduría para conocer la diferen-
> cia viviendo un día a la vez, disfrutando un
> momento a la vez; aceptando las adversidades
> como un camino hacia la paz; admitiendo
> la forma como lo hizo Dios, entendiendo al
> mundo pecador tal y como es, y no como me
> gustaría que fuera; creyendo que Tú harás que
> todas las cosas estén bien si yo me entrego a
> Tu voluntad, de modo que pueda ser razona-
> blemente feliz en esta vida e increíblemente
> feliz Contigo en la siguiente. Amén.[1]

Enfrentar exitosamente la vida

Con tanto misterio e incertidumbre, ¿cómo podemos tener alguna esperanza de enfrentar la vida con seguridad? ¿Cómo podemos estar seguros en la vida cuando existen tantas incógnitas? La
respuesta se encuentra en la manera como usamos el *conocimiento*
en relación con la fe. Esto es tan cierto para la vida como lo es
para cualquier otra empresa. La clave para tener una vida exitosa
está en reconocer cuatro verdades.

Primero: *debemos conocer nuestras limitaciones.* La Biblia dice que
si creemos ser más de lo que somos nos faltará sabiduría y seremos peor que un insensato: *"¿Te has fijado en quien se cree muy
sabio? Más se puede esperar de un necio que de gente así"* (Proverbios
26:12). La palabra hebrea original para *necio* significa literalmente
"imbécil" o "tonto". Dicho de otro modo, las personas más es-
túpidas del mundo son las que tienen muy buena opinión de sí
mismos. Todos tenemos limitaciones, y si somos sabios vamos

a reconocer las nuestras. Debemos saber dónde nos paramos y cuándo tenemos que parar. Debemos saber a dónde hemos ido y hasta dónde podemos ir. Dios jamás espera que demos un paso más allá de nuestras limitaciones *por nuestra cuenta*. Para cualquier cosa que nos pida, sin embargo, Él nos habilita para cumplirla, incluso si parece imposible desde nuestra perspectiva. *Tenemos* limitaciones, pero Dios no: *"Porque para Dios no hay nada imposible"* (Lucas 1:37). El conocer nuestras limitaciones nos libera para caminar y vivir bajo el poder infinito de Dios. Sólo entonces podremos "hacer lo imposible" a medida que accedemos a su inmensidad.

Segundo: *debemos saber de cuáles cosas somos responsables.* Por ejemplo, cada uno de nosotros es responsable por las decisiones que toma cada día. A muchas personas les gusta "echar la culpa" a otros y se rehúsan a aceptar la responsabilidad de sus decisiones y actos. En lugar de eso pretenden ser víctimas de su entorno, su educación o del comportamiento de los demás. Esta disculpa es tan antigua que Adán y Eva se culparon mutuamente por su propia desobediencia a Dios. En honor a la verdad, no podemos culpar a nadie por las decisiones que tomamos. No sólo somos responsables por nuestras decisiones sino por la forma como *reaccionamos* ante las adversidades. No podemos controlar la manera como la adversidad afecta nuestra vida sino la manera como reaccionamos ante ella.

Tercero: *debemos conocer las cosas por las que no somos responsables.* Esto es tan importante como el punto anterior. Así como somos responsables por algunas cosas, no somos responsables por otras. Por ejemplo, aunque somos responsables por nuestras acciones, no somos responsables por las acciones de los demás. Nuestro libre albedrío está bajo nuestro control, pero no es así con el de los demás. Aún el mismo Dios no es responsable de nuestro libre albedrío. Él hará todo lo posible por no influenciar nuestras decisiones, pero Él no va tomar esas decisiones por nosotros.

Jesucristo murió en la cruz por nosotros. Nos dio generosamente su vida y derramó su sangre para que fuésemos perdonados por nuestros pecados Luego resucitó de entre los muertos como una garantía para que todos los que nos volviésemos a Él recibiéramos la vida eterna. Jesús hizo todo esto—pero aún así no puede perdonarnos sin nuestro consentimiento. Él nunca violará nuestro libre albedrío. Hay muchas otras cosas por las cuales no somos responsables.

Cuarto: *debemos distinguir las cosas que no podemos hacer.* Esto resume los otros tres puntos anteriores. Necesitamos aprender a no sentirnos culpables por las circunstancias ni las consecuencias que están por fuera de nuestro control. Muchos padres pierden año tras año culpándose a sí mismos por las decisiones imprudentes de sus hijos adultos. Y cuántos de nosotros nos vemos enredados en asuntos que no habríamos podido cambiar. No podemos seguir culpándonos por las cosas que no podemos cambiar. La satisfacción y el éxito en la vida vienen cuando reconocemos que hay algunas cosas que no podemos hacer. *Nuestra mayor debilidad es no reconocer el muro de nuestra limitación.*

¿Cuál es su motivación?

Una vez que reconocemos los misterios y las incógnitas de la vida y aceptamos el hecho de nuestras limitaciones, ¿con qué nos quedamos? ¿Cómo vivimos bajo tales condiciones? Sólo hay una manera de vivir tranquilos: *la fe. Creo firmemente que el género humano fue creado y concebido para vivir este principio esencial llamado "fe". Fe es la convicción en lo invisible y la esperanza en lo desconocido que activa el espíritu humano.* Nuestro Creador, el Rey del universo, busca una fe firme por parte de las personas a quienes creó a su imagen. Cada vez que la encuentra, la fortalece aún más: *"El Señor recorre con su mirada toda la tierra, y está listo para ayudar a quienes le son fieles"*

(2 Crónicas 16:9a). El mismo Jesús preguntó en una oportunidad: *"...cuando venga el Hijo del hombre, ¿encontrará fe en la tierra?"* (Lucas 18:8b). Dios busca una fe firme. *Es interesante anotar que Él no espera encontrar poder, autoridad, riqueza, influencia, religión, política, comercio, educación ni tradiciones, sino fe. Quizás Él ve la fe como el componente más importante en el planeta Tierra.*

Recuerde: *Su fe es tan firme según las pruebas que aguante.* ¿Qué tan fuerte es usted? La fortaleza se debe probar antes de que se considere fiable. Uno solamente es tan fuerte como la carga que puede levantar, así que nunca se jacte de su fortaleza hasta que la haya probado primero. En uno de mis viajes alrededor del mundo me senté en el avión junto a un caballero de mediana edad. Después de acomodarme al vuelo de once horas hasta Londres le pregunté cuál era su profesión. Me dijo: "Soy piloto de pruebas de automóviles y de aviones". De inmediato quedé intrigado y me sumergí en una conversación instructiva que se volvió un curso universitario sobre la ciencia de probar máquinas. El hombre prosiguió a instruirme sobre los objetivos, los preparativos, las destrezas y las emociones involucradas en su trabajo. Luego le planteé el enorme interrogante: "¿Por qué es necesario probar un automóvil o el motor de un avión nuevo?". ¡Su respuesta cambió mi vida! Me dijo que todo fabricante prueba sus productos con el fin de garantizar su rendimiento y para verificar sus promesas sobre sus productos. Dijo que las pruebas eran necesarias para establecer la medida de confianza que uno puede prometer al cliente. En esencia, las pruebas son un prerrequisito para la confianza. Para decirlo sencillamente, *las pruebas confirman las afirmaciones.*

Muchos creyentes se pasean diariamente de acá para allá haciendo declaraciones y alabando a Dios—y dan testimonio de lo bueno que él es y de lo mucho que los ha bendecido—, pero su fe jamás ha sido probada verdaderamente. Es fácil decir: "Dios es bueno" cuando las cosas van bien, pero, ¿digo lo mismo en los tiempos difíciles? ¿Qué podemos decir cuando uno no puede pagar el arriendo, ni la factura de la luz, o cuando uno pierde el trabajo? ¿Puede decir todavía que "Dios es bueno", bajo esas circunstancias? Dios permite que se pruebe nuestra fe para que veamos cuán fuertes somos, así como lo hizo con Job. Dios bendijo abundantemente a Job pero le permitió a Satanás despojar a Job de todo lo que tuvo—familia, riquezas, salud— para ver si la fe de Job resistía la prueba. Si usted dice: "Creo en Dios", alístese porque Dios permite la prueba de su fe para que usted y los demás vean si es verdad o no. Su propósito no es humillarlo ni cogerlo en la mentira sino ayudarlo a crecer porque Él sabe que la fe no probada no es legítima y jamás será significativa.

La prueba de nuestra fe no sólo sirve para mostrar nuestra fortaleza sino también para revelar la motivación que existe detrás de ella. Si usted dice: "confío en Dios", ¿por qué confía en Dios? ¿Porque es muy bueno con usted? Satanás acusó a Job de seguir a Dios sólo porque Él lo había bendecido, de modo que Dios permitió que Job fuera puesto a prueba. Él quiso poner al descubierto la motivación detrás de la fe de Job para saber si Job continuaba o no siguiéndolo aún después de perderlo todo. *En el Reino de Dios, así como en cualquier país, la fe en las promesas y en los privilegios constitucionales de una nación sólo se puede comprobar cuando las circunstancias requieran que uno le haga una exigencia al sistema. La prueba de la fe en el Reino de Dios ocurre por medio de las circunstancias que proporcionan una oportunidad para que uno valide la fe en el sistema político, económico, social y cultural del Cielo en la tierra.*

El poder de los motivos y el poder de la fe

¿Alguna vez ha visto usted un reportaje sobre una muerte trágica y se ha preguntado por qué la primera pregunta que hacen las autoridades es "¿cuál fue el motivo de esta muerte?". Esto se debe a que la motivación es la fuerza más poderosa del comportamiento humano. ¿Qué es la motivación? La motivación es la razón oculta o el deseo que inicia, sostiene y justifica una acción. Todos los actos humanos son el resultado de la motivación. La motivación es la razón internamente justificada. De hecho, la ausencia de la motivación es una señal de muerte. La vida misma depende de la motivación para darle significado. Donde no existe la motivación no hay pasión ni energía. Todos hacemos las cosas por una razón. La motivación es lo que nos mueve. Somos víctimas de nuestros motivos y los protegemos contra los peligros.

¿Por qué los motivos son tan importantes en el tema de la fe? La motivación nace de nuestras creencias y convicciones.

¿Cuál es su motivación para seguir a Dios? La respuesta a esta pregunta está en el mismo interior de la vida. ¿Qué lo motivó a reconocer a Jesucristo como su Señor y a ingresar a su Reino? Estas son preguntas cruciales porque prueban la motivación de su fe. El capítulo sexto del Evangelio de San Juan inicia con un relato en el que Jesús alimenta a una multitud de cinco mil personas con sólo cinco panes y dos pescados. Luego Él se retiró a la montaña para estar solo mientras que sus discípulos zarparon en su barca hacia el otro lado del Mar de Galilea. Él se reunió posteriormente con ellos esa noche en la barca, caminando hacia ellos sobre el agua. Al día siguiente, la multitud que fue alimentada tan milagrosamente el día anterior fue en busca de Jesús pero no lo encontraron.

En cuanto la multitud se dio cuenta de que ni Jesús ni sus discípulos estaban allí, subieron a las barcas y se fueron a Capernaúm a buscar a Jesús.

Cuando lo encontraron al otro lado del lago, le preguntaron:

—Rabí, ¿cuándo llegaste acá?

—Ciertamente les aseguro que ustedes me buscan, no porque han visto señales sino porque comieron pan hasta llenarse. Trabajen, pero no por la comida que es perecedera, sino por la que permanece para vida eterna, la cual les dará el Hijo del hombre. Sobre éste ha puesto Dios el Padre su sello de aprobación. (Juan 6:24-27).

La gente buscaba a Jesús no por lo que Él era sino por todo aquello que podía hacer por ellos. Él los alimentaba, sanaba sus cuerpos, expulsaba los demonios de sus vidas, etc. Los motivos fueron interesados y Jesús lo sabía. En realidad les dijo: *Sé porqué están aquí. No me están buscando; buscan una bendición. Ustedes buscan más pescados y panes gratis. Sus motivos esconden y revelan la calidad y la naturaleza de su fe.*

¿No nos encanta creer cuando Dios nos bendice? Y él prometió bendecirnos. Prometió añadir más cosas para nosotros. Pero las bendiciones no deben ser nuestra motivación para seguir a Jesús. ¿Y si no nos bendice hoy? ¿Y qué si no nos añade nada hoy? ¿Entonces qué? ¿Le volvemos la espalda y nos vamos a otro lugar?, o ¿continuamos siguiendo a Jesús aún cuando no nos sigue bendiciendo? ¿Cuál es nuestra motivación? *Esta es la pregunta de la fe del Reino: "¿Puede seguir la luz incluso en la oscuridad?".*

Jesús dijo: *"Trabajen, pero no por la comida que es perecedera sino por la que permanece para vida eterna, la cual les dará el Hijo del hombre".* Dicho de otro modo, no debemos desperdiciar nuestra fe en las cosas que desaparecen. Más bien debemos depositar nuestra confianza en el "Hijo del Hombre", sobre el cual "ha puesto Dios el Padre su sello de aprobación". Cristo es el único de confianza y fiable de nuestra fe—no por sus bendiciones ni su provisión, ni por sus curaciones—, sino por el mismo Jesucristo. *Por lo tanto, no debemos depositar nuestra fe en las bendiciones.*

La fe en Cristo permite la obra de Dios

Muchas personas siguen hoy a Jesús sólo por sus bendiciones, así como la multitud que lo buscó hace mucho tiempo en Capernaúm. Quizás usted confíe en Dios porque Él sana a la gente, pero ¿aún confiaría en Él cuando no sanara a alguien y esa persona muera? Usted confía que Dios provea el dinero para el arriendo, pero ¿aún confiará en Él cuando se venza el plazo para pagarlo y no tenga dinero? Usted confía en que Dios protege a sus hijos, pero ¿aún confiará en Él cuando uno de ellos comience a drogarse o se meta en un lío con la ley? ¿Dónde pone su fe? ¿En Cristo o en lo que Él puede hacer por usted? *Nuestra fe debe estar más en la naturaleza de Dios que en sus frutos, en el Reino de Dios.*

La respuesta de Jesús a la multitud aquel día debió herir susceptibilidades porque continuaron con algunas preguntas desafiantes:

—*¿Qué debemos hacer para realizar las obras que Dios exige? —le preguntaron.*

—*Ésta es la obra de Dios: que crean en aquel a quien él envió —les respondió Jesús.*

—*¿Y qué señal harás para que la veamos y te creamos? ¿Qué puedes hacer? —insistieron ellos—. Nuestros antepasados comieron el maná en el desierto, como está escrito: "Pan del cielo les dio a comer."*

—*Ciertamente les aseguro que no fue Moisés el que les dio a ustedes el pan del cielo —afirmó Jesús—. El que da el verdadero pan del cielo es mi Padre. El pan de Dios es el que baja del cielo y da vida al mundo.*
(Juan 6:28-33)

Las personas estaban confundidas. Le dijeron a Jesús: "Bueno, si no tuviéramos que seguirlo a usted por pan ni por pescados ni por cualquier otra cosa que podemos conseguir de usted, entonces ¿qué debemos hacer?".

Jesús contestó: "Sencillo —crean en Aquel que envió el Padre". Dicho de otro modo, no crean en el pan, no crean en los pescados, no crean en los milagros. *No depositen su fe en las obras de Dios porque a veces obra en la manera que usted no espera.* Esto no quiere decir que Él es desleal ni de poca confianza. Simplemente significa que su propósito y su voluntad no son siempre completamente visibles desde nuestra perspectiva limitada. Los propósitos de Dios son siempre superiores a cualquiera de nuestras perspectivas o circunstancias personales. *Esta es la razón por la cual nos llama a que confiemos en Él y no en sus obras.* Él cambia la dirección de nuestra motivación porque él sabe que las cosas cambian, se deterioran, se rompen, se marchitan y se consumen. Las cosas son temporales y por lo tanto no merecen nuestra confianza. Sólo *Jehová Dios y su Cristo son* eternos, y sólo perdurará aquello que se pone bajo su cuidado.

Las personas que estaban alrededor de Jesús aquel día trataron de comparar su experiencia del pan y los pescados con la experiencia de los israelitas en el desierto cuando recibieron el maná (pan) que cayó del Cielo para alimentarlos. Trataron de convencer a Jesús de que seguían a Moisés por los milagros: el maná, la liberación de la esclavitud egipcia, la separación del Mar Rojo. Pero Jesús objetó, recordándoles que el maná no vino de Moisés sino de Dios. Es peligroso confiar en los milagros porque los milagros son pasajeros. Jamás sabemos qué piensa Dios a menos que decida revelarnos sus pensamientos. Él puede proveer el pago de una hipoteca o de un automóvil, o nos puede probar para ver si aún estamos en paz con Él aunque nos falte un pago.

Es por eso que Jesús nos dice que no *depositemos nuestra fe en las cosas de Dios sino en el Dios de las cosas*. Él dice: "El que da el verdadero pan del cielo es mi Padre. El pan de Dios es el que baja del cielo y da vida al mundo". Aquí se habla de dos clases de pan. Primero es el "pan" de las bendiciones, como el maná o el pan que proporcionó Jesús y que la gente comió. El segundo tipo de pan es el "verdadero pan" o el "pan de Dios" que bajó del Cielo. Tanto el pan de la bendición como el verdadero pan vienen del mismo lugar —el Cielo— pero el pan de la bendición es pasajero. No debemos quedar satisfechos con este. El propósito del pan de la bendición es despertar nuestro apetito para el verdadero pan. Y ¿cuál es la naturaleza del verdadero pan? *El principio de esta conversación con la gente es enseñarnos que la Fuente siempre es más importante que el recurso y el Fabricante más importante que el producto. Esto es de vital importancia porque el recurso es prescindible, pero la Fuente es permanente. Jamás debemos depositar nuestra fe en el recurso sino en la Fuente.* Jesús explica:

> —*Señor —le pidieron—, danos siempre ese pan.*

> —*Yo soy el pan de vida —declaró Jesús—. El que a mí viene nunca pasará hambre, y el que en mí cree nunca más volverá a tener sed. Pero como ya les dije, a pesar de que ustedes me han visto, no creen* (Juan 6:34-36).

El asunto en el Reino de Dios no es cuánta fe se tiene sino dónde se deposita la fe. ¿Sigue a Jesucristo o sigue las señales, prodigios y la prosperidad? ¿Su fe está en Jesucristo el "pan de vida", o prefiere el pan de la bendición? ¿Busca satisfacer su espíritu o trata simplemente de llenar su barriga? ¿Confía en las cosas que jamás lo satisfacen verdaderamente o en Aquel que satisface para siempre? *La mayoría de las personas que conozco enfocan su fe en el pan y no el Panadero. El principio de la fe del Reino es confiar en la Fuente y no en el recurso.*

Debe quedar bien claro: el Reino de Dios suplirá completamente todas nuestras necesidades. Pero es por esta misma razón que no debemos confiar en esas cosas que suplirán nuestras necesidades sino en el Rey que las suple. Nuestro deber como ciudadanos del Reino es confiar, obedecer y servir al Rey; su deber es cuidarnos. Esto es lo que quiso decir Jesús cuando dijo:

> *Así que no se preocupen diciendo: "¿Qué comeremos?"*
> *o "¿Qué beberemos?" o "¿Con qué nos vestiremos?"*
> *Porque los paganos andan tras todas estas cosas, y el*
> *Padre celestial sabe que ustedes las necesitan. Más bien,*
> *busquen primeramente el reino de Dios y su justicia, y*
> *todas estas cosas les serán añadidas* (Mateo 6:31-33).

No seguimos a Dios por lo que podemos obtener de Él. La fe del Reino es la fe en el Rey, no es el favor de Rey. Es la fe en Él, no en sus obsequios.

La fe en medio de la dificultad

Al vivir en las bellas islas de las Bahamas, en el Caribe, he disfrutado del placer de un océano cristalino, de los mariscos abundantes, de la perfecta temperatura promedio anual de 24 grados centígrados, de la estabilidad política y económica que hace de nuestro país la envidia de muchos, y del espíritu cálido de nuestra gente que durante años han atraído a nuestras costas a más de cinco millones de turistas. Pero esta isla paradisiaca donde la vida es como un sueño, también está ubicada en el curso de los huracanes y los ciclones que ocurren anualmente. Hemos tenido que soportar muchos huracanes que prueban no sólo la fragilidad de la naturaleza sino la confianza que tenemos en nuestro sistema de gobierno para guiarnos y protegernos en medio de estas tormentas horrendas. Del mismo modo, la fe del reino de Dios fue concebida no sólo para la época de prosperidad sino también para los momentos de dificultad. Recuerdo cuando nuestra familia se reunía, con la atención fija en la radio para escuchar minuto a minuto los reportajes de las tormentas que trasmite la emisora nacional. Nos preguntábamos si sobreviviríamos con vientos de 210 Kph. que tumban los árboles y sacuden nuestro techo y escuchamos el estruendo de las descargas eléctricas.

Depositamos toda nuestra confianza en las agencias gubernamentales y en su código de construcción para protegernos y asegurar nuestra supervivencia. El código de construcción nacional se determinó por nuestra ubicación en la zona de huracanes y pensamos que si seguíamos el código de construcción de los cimientos y de la estructura, el gobierno garantizaría que las casas resistirían la prueba de cualquier tormenta. En esencia, el código del gobierno prepara al país para las pruebas inevitables. Nuestra obediencia al código nos trae paz y confianza en las tormentas y minimiza el temor.

El país espiritual y sobrenatural del Reino del Cielo, con su colonia establecida en la tierra, no es diferente. El gobierno celestial y sus promesas constitucionales garantizan la seguridad de sus ciudadanos y establecen un código de construcción para la comunidad del Reino que fue diseñado para las tormentas de la vida. Muchos ciudadanos del Reino asumen que si atraviesan por momentos difíciles su fe se acabará. No es así. La fe del Reino no nos aparta de la dificultad; esta nos ampara y nos protege durante la dificultad. Una vez más, la clave está en dónde ponemos nuestra fe y no en cuánta fe tenemos. El Rey del Cielo abordó en una ocasión este mismo asunto en el código de construcción de su Reino:

> *"Por tanto, todo el que me oye estas palabras y las pone en práctica es como un hombre prudente que construyó su casa sobre la roca. Cayeron las lluvias, crecieron los ríos, y soplaron los vientos y azotaron aquella casa; con todo, la casa no se derrumbó porque estaba cimentada sobre la roca. Pero todo el que me oye estas palabras y no las pone en práctica es como un hombre insensato que construyó su casa sobre la arena. Cayeron las lluvias, crecieron los ríos, y soplaron los vientos y azotaron aquella casa, y ésta se derrumbó, y grande fue su ruina."*(Mateo 7:24-27)

El concepto de las pruebas y las tormentas en la vida del ciudadano del Reino sobre la tierra no debería ser ajeno ni inesperado sino más bien anticipado con confianza y fe. La fe del Reino acepta las tormentas y demuestra su valor en las pruebas. El Rey del Reino les dijo a sus ciudadanos en otra ocasión, en relación con este concepto:

> *Yo les he dicho estas cosas para que en mí hallen paz. En este mundo afrontarán aflicciones, pero ¡anímense! Yo he vencido al mundo* (Juan 16:33).

Otra promesa gubernamental asegura al ciudadano del Reino,

> *Sí, les he dado autoridad a ustedes para pisotear serpientes y escorpiones y vencer todo el poder del enemigo; nada les podrá hacer daño* (Lucas 10:19).

¿Alguna vez, alguien le ha preguntado que,…si Dios es tan bueno, por qué le sucede esto"? Jesús mismo nos responde esta pregunta.. Nuestra relación con Dios no tiene nada que ver con las pruebas, los retos y las supuestas decepciones. El Señor no nos libra de las dificultades de la vida sólo porque somos ciudadanos del Reino. Al contrario, permite las pruebas para fortalecer y purificar nuestra fe. Nuestro carácter se moldea y madura cuando aprendemos a perseverar en medio de las dificultades.

Si usted encuentra esta idea difícil de aceptar, considere la experiencia de Daniel. ¿Cómo se sentiría usted si fuera arrojado a un foso lleno de leones hambrientos? Quizás Daniel oró por liberación y esperó que llegara un ángel. Ningún ángel se apareció. Quizás Daniel pensó luego que sería trasladado sobrenaturalmente a un lugar seguro y desaparecería ante los mismos ojos del Rey Darío y su corte. Pero no ocurrió nada de eso. Daniel quizás pensó que Dios soltaría sus cadenas y lo liberaría cuando lo llevaban encadenado hacia el foso de los leones. Pero no ocurrió esto. Cuando escuchó el gruñido de los leones quizás Daniel comenzó a preguntarse dónde estaba Dios. Se dio cuenta que Dios estaba allí mismo ¡en el foso con él! Cuando lo arrojaron y lo rodearon lo leones hambrientos, Dios envió a un ángel por delante para cerrar la boca de los leones para que no le hicieran daño a su siervo. Él salvó a Daniel, pero no lo hizo hasta que afrontó la prueba del foso de los leones sin conocer el resultado de antemano. ¿Dónde estaba Dios? Daniel tuvo que trasladar su confianza de las obras de Dios al mismo Dios. (Ver el capítulo 6 de Daniel, para la historia completa).

La calidad de la fe del Reino de Daniel es muy rara hoy en día en la comunidad religiosa ya que muchas de nuestras doctrinas contemporáneas y sistemas de creencias promueven una versión superficial de la fe que se centra más en una "fe evasiva" que en una fe duradera y vencedora. Es una fe establecida sobre la evasión de los problemas y las pruebas en lugar de afrontar, soportar y vencer estas oportunidades temporales para probar el poder eterno de nuestro Reino. Necesitamos que se restablezca la fe de Daniel en nuestro mundo hoy en día.

Lo mismo fue cierto para Sadrac, Mesac y Abednego quienes tuvieron que soportar un horno en llamas antes de ser liberados y descubrir que Dios estaba con ellos en medio de las llamas (ver el capítulo 3 de Daniel). La historia de estos tres jóvenes profesionales hebreos debería servir como una fuente de gran aliento y como un ejemplo sobresaliente de la verdadera fe del Reino. Hagamos un recuento de algunos de los detalles de su encuentro con el gobierno de otro reino y veamos la superioridad de la moneda corriente de su fe ya que activó la economía de Dios a su favor:

> *Además, el rey le ordenó a Aspenaz, jefe de los oficiales de su corte, que llevara a su presencia a algunos de los israelitas pertenecientes a la familia real y a la nobleza. Debían ser jóvenes apuestos y sin ningún defecto físico, que tuvieran aptitudes para aprender de todo y que actuaran con sensatez; jóvenes sabios y aptos para el servicio en el palacio real, a los cuales Aspenaz debía enseñarles la lengua y la literatura de los babilonios. El rey les asignó raciones diarias de la comida y del vino que se servía en la mesa real. Su preparación habría de durar tres años, después de lo cual entrarían al servicio del rey.*

> *Entre estos jóvenes se encontraban Daniel, Ananías, Misael y Azarías, que eran de Judá, y a los cuales el jefe de oficiales les cambió el nombre: a Daniel lo llamó Beltsasar; a Ananías, Sadrac; a Misael, Mesac; y a Azarías, Abednego (Daniel 1:3-7).*

> *Además, a solicitud de Daniel, el rey nombró a Sadrac,*

Mesac y Abednego administradores de la provincia de Babilonia. Daniel, por su parte, permaneció en la corte real (Daniel 2:49).

Lleno de ira, Nabucodonosor los mandó llamar. Cuando los jóvenes se presentaron ante el rey, Nabucodonosor les dijo: —Ustedes tres, ¿es verdad que no honran a mis dioses ni adoran a la estatua de oro que he mandado erigir? Ahora que escuchen la música de los instrumentos musicales, más les vale que se inclinen ante la estatua que he mandado hacer, y que la adoren. De lo contrario, serán lanzados de inmediato a un horno en llamas, ¡y no habrá dios capaz de librarlos de mis manos!

Sadrac, Mesac y Abednego le respondieron a Nabucodonosor: —¡No hace falta que nos defendamos ante Su Majestad! Si se nos arroja al horno en llamas, el Dios al que servimos puede librarnos del horno y de las manos de Su Majestad. **Pero aun si nuestro Dios no lo hace así**, *sepa usted que no honraremos a sus dioses ni adoraremos a su estatua* (Daniel 3:13-18).

Lo maravilloso de la fe de estos jóvenes ciudadanos del Reino fue la expresión de su fe, que si Dios aún no los rescataba, la integridad del Reino de Dios permanecería intacta. Esta es la verdadera fe del Reino que se debe restaurar en nuestra vida. Necesitamos una fe que sea estable aún cuando se calculen mal nuestras expectativas de la estrategia de Dios. Esa fe que está dispuesta a arder en el fuego y que prueba su naturaleza eterna. Tal como lo dijo Pablo, el embajador del Reino:

Esto es para ustedes motivo de gran alegría, a pesar de que hasta ahora han tenido que sufrir diversas pruebas por un tiempo. El oro, aunque perecedero, se acrisola al fuego. Así también la fe de ustedes, que vale mucho más que el oro, al ser acrisolada por las pruebas demostrará que es digna de aprobación, gloria y honor cuando Jesucristo se revele (1 Pedro 1:6-7).

Cuanto más se prueba su fe, tanto más crece su confianza en el Reino. Esto también es cierto en cuanto a la experiencia de los huracanes en el Caribe donde vivo. Cada vez que sobrevivimos a un fuerte huracán afrontamos el siguiente con menos temor y traumatismo hasta que los vemos como algo normal de la vida en nuestra región. En realidad, apreciamos los beneficios de tales fenómenos naturales porque se llevan las estructuras que no son construidas bajo los códigos de construcción del gobierno, destruyen árboles podridos, limpian el aire de los contaminantes y se siente un nuevo crecimiento y un nuevo comienzo.

Pablo y Silas fueron golpeados, encarcelados y atados en el cepo por predicar el Evangelio de Cristo, en la ciudad de Filipos. En lugar de quejarse y lamentarse por sus circunstancias, adoraron y cantaron himnos a Dios allí mismo en la cárcel. Dios envió un terremoto para liberar a todos los presos. Como consecuencia, el carcelero creyó en Cristo junto con toda su familia (ver Hechos 16:16-34).

Si nuestra fe está en Dios, no importa qué sucede a nuestro alrededor porque Dios es invariable. Nunca cambia y es constante. Él es el mismo ayer, hoy y por los siglos (ver Hebreos 13:8). Jesús dijo: *"Come mi carne. No 'comas' las cosas que te doy; cómeme. Bebe mi sangre. No 'bebas' las bendiciones de la vida; bébeme. Si lo haces tendrás vida"* (ver Juan 6:53-57). Podemos soportar cualquier cosa cuando nuestra fe está en Él, porque confiamos en su poder y no en el nuestro. Él no permitirá que seamos probados más allá de lo que podemos soportar: *"Ustedes no han sufrido ninguna tentación que no sea común al género humano. Pero Dios es fiel, y no permitirá que ustedes sean tentados más allá de lo que puedan aguantar.* Más bien, cuando llegue la tentación, él les dará también una salida a fin de que puedan resistir (1 Corintios 10:13).

¿Qué tan fuerte es usted? *Usted es tan fuerte como lo que aguanta su fe.* La fe del Reino siempre será probada porque así es como se fortalece. Así como los músculos desarrollan fortaleza entre más se usan, nuestra fe también se fortalece cuanto más la ejercitamos. Las pruebas más grandes de la fe—y por tanto el potencial más grande de crecer—llegan durante los momentos de dificultad. De modo que, si usted confía en el Señor, prepárese para las pruebas. El día del examen está próximo. *Si pierde el trabajo o la casa, o si su hijo se enferma y la oración constante no produce resultados visibles, ¿creería aún en la bondad de Dios? ¿Aún tendría la confianza en el gobierno del Cielo sobre los asuntos de su vida? ¡Esta es la fe del Reino!*

¿Pasará usted la prueba?

Muchos ciudadanos del Reino de Dios solamente siguen al Rey por los momentos buenos y las cosas buenas. De hecho, la mayoría de las personas con las que me encuentro en la comunidad cristiana parecen tener una relación con Dios que se basa en cómo se pueden beneficiar personalmente Muchos creyentes religiosos tratan a Dios como a un genio en una botella que manipulan para que satisfaga sus deseos personales. Esta fue la actitud de la gente en la aldea de Capernaúm cuando Jesús los visitó tras proporcionarles pan y pescados gratis. Volvamos a ese encuentro:

> —*Ciertamente les aseguro que ustedes me buscan, no porque han visto señales sino porque comieron pan hasta llenarse. Trabajen, pero no por la comida que es perecedera, sino por la que permanece para la vida*

eterna, la cual les dará el Hijo del hombre. Sobre éste ha puesto Dios el Padre su sello de aprobación.
—¿Qué tenemos que hacer para realizar las obras que Dios exige? —le preguntaron. —Ésta es la obra de Dios: que crean en aquel a quien él envió —les respondió Jesús (Juan 6:26-29).

Su motivación para seguirlo estaba basada en lo que ellos podían obtener de Él. No tenían el concepto de la ciudadanía del Reino ni de su obligación de servir al Reino pese a cualquier circunstancia. La declaración del Rey: "trabajen, pero no por la comida que es perecedera" implica que la fe en Dios no debe estar basada en los beneficios que podemos obtener de esa relación sino en el carácter del Rey benevolente que ama a sus ciudadanos. Considere estas palabras a medida que Jesús continúa su discurso:

Ciertamente les aseguro que el que cree tiene vida eterna. Yo soy el pan de vida. Los antepasados de ustedes comieron el maná en el desierto, y sin embargo murieron. Pero éste es el pan que baja del cielo; el que come de él, no muere. Yo soy el pan vivo que bajó del cielo. Si alguno come de este pan, vivirá para siempre. Este pan es mi carne, que daré para que el mundo viva (Juan 6:47-51).

Él estaba probando la calidad y el objeto de su fe y estaba corrigiendo su enfoque fuera de lugar.

Muchas de las personas de Capernaúm que estaban con Jesús aquel día no pasaron la prueba de la fe del Reino. Después de todo, el llamado a la fe del Reino es un llamado a ponerse a la altura de los retos, vencer los obstáculos y triunfar antes las dificultades. Pero muchas personas sencillamente no están dispuestas a pagar el precio. Esto sin duda fue cierto para muchos en Capernaúm que se desanimaron con el llamado que hizo Jesús de comer su carne y beber su sangre.

Al escucharlo, muchos de sus discípulos exclamaron: «Esta enseñanza es muy difícil; ¿quién puede aceptarla?»

Desde entonces muchos de sus discípulos le volvieron la espalda y ya no andaban con él. Así que Jesús les preguntó a los doce:

—¿También ustedes quieren marcharse?

—Señor —contestó Simón Pedro—, ¿a quién iremos? Tú tienes palabras de vida eterna. Y nosotros hemos creído, y sabemos que tú eres el Santo de Dios (Juan 6:60, 66-69).

¿Por qué la gente consideró las palabras de Jesús como "una enseñanza difícil"? Porque se dieron cuenta de que Él los llamó a seguirlo sin garantías de pescados ni pan. Los llamó a estar satisfechos sin conocer de antemano los resultados, dejando el futuro en sus manos.

Una vez más Sadrac, Mesac y Abednego demostraron esta clase de fe cuando estuvieron delante del Rey Nabucodonosor amenazados de muerte. El arrogante rey pidió saber cuál dios los rescataría de su mano:

Sadrac, Mesac y Abednego le respondieron a Nabucodonosor: —¡No hace falta que nos defendamos ante Su Majestad! Si se nos arroja al horno en llamas, el Dios al que servimos puede librarnos del horno y de las manos de Su Majestad. Pero aun si nuestro Dios no lo hace así, sepa usted que no honraremos a sus dioses ni adoraremos a su estatua (Daniel 3:16-18).

Esta es la fe del Reino: fe que confía en Dios ya sea que bendiga o no, ya sea que libre o no, ya sea que sane o no. La fe del Reino confía en Cristo pase lo que pase porque Él tiene "palabras de vida eterna". El Rey David lo reconoció así cuando escribió: *"Tu amor es mejor que la vida; por eso mis labios te alabarán"* (Salmos 63:3).

¡Confíe en Dios cuando no sepa que hacer en el Reino de Dios! David declaró en otro salmo: *"El Señor es mi roca, mi amparo, mi libertador; es mi Dios, el peñasco en que me refugio. Es mi escudo, el poder que me salva, ¡mi más alto escondite!"* (Salmos 18:2). No importa lo que suceda durante la tormenta si usted está anclado a la roca. Si su confianza está en el Dios vivo, usted triunfará pase lo que pase a su alrededor. Muchos discípulos de Jesús le dieron la espalda. *Muchos hacen lo mismo hoy día.* ¿Por qué? Son discípulos al estilo "sándwich de pescado". Dan la vuelta porque Jesús les quita el pescado y el pan sin recordar que él les dio en su lugar su carne y su sangre. ¿No era eso lo que querían? Él les quitó los regalos y les dio a Aquel que los regala. Pero no lo querían. Él les quitó las bendiciones y les dio a Aquel que bendice. No lo querían. *En un reino, el rey es más importante que el reino porque es a través de él que el reino obtiene su legitimidad. El reino no hace rey al rey, sino que el rey hace al reino*

No estamos aquí en la tierra sólo para obtener pescado y pan. Estamos aquí para trasformar el mundo con el evangelio de Cristo alimentando a otros con el pan de vida. ¿Dónde pone usted su fe? ¿En las obras de Dios o en el Dios que obra? ¿Es usted un cristiano de "pescado y pan" o un creyente que prefiere la "carne y sangre de su salvador"? Su respuesta determina si su fe pasa la prueba o si se mantiene firme ante cada tormenta.

Aquí en las Bahamas, donde disfrutamos la belleza y la calidad de la vida de este paraíso tropical, el gobierno no puede garantizar la inmunidad a los huracanes ni las tormentas o cualquier otro desastre natural, pero sí garantiza protección, provisión, recursos y restauración de las viviendas cuando sea necesario. En verdad, no son diferentes el país y la colonia del Reino del Cielo. El Rey, Jesucristo, no garantiza la inmunidad contra las pruebas sino que asegura que vendrán:

> *Por tanto, todo el que me oye estas palabras y las pone en práctica es como un hombre prudente que construyó su casa sobre la roca. Cayeron las lluvias, crecieron los ríos, y soplaron los vientos y azotaron aquella casa; con todo, la casa no se derrumbó porque estaba cimentada sobre la roca. Pero todo el que me oye estas palabras y no las pone en práctica es como un hombre insensato que construyó su casa sobre la arena. Cayeron las lluvias, crecieron los ríos, y soplaron los vientos y azotaron aquella casa, y ésta se derrumbó, y grande fue su ruina.*
> (Mateo 7:24-27).

La fe del Reino no teme las tormentas ni las pruebas porque los ciudadanos construyeron según el código de construcción del gobierno celestial y se aseguraron de que su cimiento fuera "la roca firme" de la integridad de la Palabra de Dios, del carácter y de las promesas del Rey. La fe del Reino está anclada en la roca de Jesucristo. La fe del Reino es la fe que hace frente a la tormenta y se mantiene firme. ¿Dónde pone su fe?

Los principios del Reino

Su fe es tan firme sólo como las pruebas que aguanta.

La pregunta de la fe del Reino: "¿Puede seguir la luz incluso en la oscuridad?".

El asunto en el Reino de Dios no es cuánta fe se tiene, sino dónde se deposita la fe.

El principio de la fe del Reino es confiar en la Fuente y no en el recurso.

¡Confíe en Dios! aunque no sepa qué hacer en el Reino de Dios.

Nota al final

1.   Reinhold Niebuhr, "Oración de la Serenidad" (1943); ver http://www.yalealumnimagazine.com/issues/2008_07/serenity.html

CAPÍTULO 2

La fe: la cultura del Reino de Dios

*"La fe consiste en creer, cuando creer
está más allá del poder de la razón".*

El mensaje de la Biblia no es una religión, una hermandad, una sociedad sagrada ni un club social ritualista. Una mirada honesta y objetiva del texto bíblico revela que este libro que resiste el paso del tiempo habla de un Rey y un Reino. Las palabras como *rey, señor, dominio, soberanía, realeza, reinado, gloria, adoración, rendir culto, honrar, trono, corona, gobierno, obedecer y doblegarse,* no son palabras que uno encontraría en la cultura o en el vocabulario de una democracia o una república. Estos conceptos no se encuentran en la experiencia de nuestra sociedad contemporánea y quizás es por ello que la Biblia es tan difícil de entender y apreciar para muchos en nuestra cultura moderna.

Nací en 1954 bajo un reino que había gobernado nuestras islas por más de doscientos años. Las islas de las Bahamas eran consideradas una colonia del reino de Gran Bretaña que rigió muchos territorios de la región Caribe como Jamaica, Barbados, Trinidad y Tobago, las Islas Vírgenes británicas, Granada, la Guayana británica y muchos otros.

¿Qué es un reino? Generalmente, un reino es el gobierno soberano de un rey sobre su territorio en el cual impone su propósito, su voluntad, sus leyes, sus valores, su moral y su cultura para producir una ciudadanía que refleja su estilo de vida. Por lo tanto, un reino es una sociedad que refleja la naturaleza personal del rey. Cuando un reino expande su influencia a un territorio distante se llama colonización. El objeto de la colonización es la extensión de las leyes, los valores y la cultura de su reino a un territorio lejano para mostrar el poder del rey en ese país. Todos los reinos tienen un rey, o un señor, un dominio o territorio, un lenguaje común, una constitución real, unas leyes apropiadas, unas normas y valores morales, un código de ética real, un protocolo real, una economía, una asistencia social común y una cultura única que refleja la naturaleza del rey.

Esta es la esencia del mensaje y del mandato de la Biblia. Estamos ante un Reino y su contexto, cuyo propósito, interpretación y aplicación no se pueden comprender plenamente por fuera de este contexto. Hasta un análisis informal del mensaje y la prioridad de Jesucristo revela esta verdad:

Desde entonces comenzó Jesús a predicar: «Arrepiéntanse, porque el reino de los cielos está cerca.» (Mateo 4:17)

Jesús recorría toda Galilea, enseñando en las sinagogas, anunciando las buenas nuevas del reino, y sanando toda enfermedad y dolencia entre la gente (Mateo 4:23).

Dichosos los pobres en espíritu, porque el reino de los cielos les pertenece (Mateo 5:3).

»Ustedes deben orar así:» "Padre nuestro que estás en el cielo, santificado sea tu nombre, venga tu reino, hágase tu voluntad en la tierra como en el cielo" (Mateo 6:9-10).

Más bien, busquen primeramente el reino de Dios y su justicia, y todas estas cosas les serán añadidas (Mateo 6:33).

Jesús recorría todos los pueblos y aldeas enseñando en las sinagogas, anunciando las buenas nuevas del reino, y sanando toda enfermedad y toda dolencia (Mateo 9:35).

Dondequiera que vayan, prediquen este mensaje: "El reino de los cielos está cerca." Sanen a los enfermos, resuciten a los muertos, limpien de su enfermedad a los que tienen lepra, expulsen a los demonios. Lo que ustedes recibieron gratis, denlo gratuitamente (Mateo 10:7-8).

En cambio, si expulso a los demonios por medio del Espíritu de Dios, eso significa que el reino de Dios ha llegado a ustedes (Mateo 12:28).

—A ustedes se les ha concedido conocer los secretos del reino de los cielos; pero a ellos no (Mateo 13:11).

»Escuchen lo que significa la parábola del sembrador: Cuando alguien oye la palabra acerca del reino y no la entiende, viene el maligno y arrebata lo que se sembró en su corazón... (Mateo 13:18-19).

Les contó otra parábola más: «El reino de los cielos es como la levadura que una mujer tomó y mezcló en una gran cantidad de harina, hasta que fermentó toda la masa.» (Mateo 13:33).

Te daré las llaves del reino de los cielos; todo lo que ates en la tierra quedará atado en el cielo, y todo lo que desates en la tierra quedará desatado en el cielo (Mateo 16:19).

Y este evangelio del reino se predicará en todo el mundo como testimonio a todas las naciones, y entonces vendrá el fin (Mateo 24:14).

Los anteriores son sólo algunos ejemplos del mensaje de Jesús que detallan la prioridad del concepto del Reino a su misión en la tierra. Jesús vino a la tierra para restaurar la colonia del Reino Celestial en este mundo, lo cual fue el propósito original de Dios y el mandato para el género humano. La caída de Adán y Eva tuvo como resultado la pérdida del gobierno del Reino Celestial en la tierra. Este mandato fue el que motivó a Dios, el Creador, a enviar de vuelta a su Hijo "el Rey a la colonia" para restaurar la influencia, las leyes, los valores, el estilo de vida y la cultura del Cielo en la tierra. Los ciudadanos celestiales sólo se pueden apropiar del Reino y de la cultura del Cielo por medio del sistema monetario de la fe. Según el Rey, las promesas y los privilegios de la vida en el Reino se deben poner en marcha a través de la calidad de la fe. La fe es una de las claves principales del Reino.

… *—Se hará con ustedes conforme a su fe* (Mateo 9:29)

La fe es uno de los conceptos más desfigurados, mal utilizados y más malinterpretados de la historia humana. La fe se ha percibido a lo largo de la historia de muchas maneras, tanto dentro como afuera de la religión. Algunas personas han violado, saqueado, robado, oprimido y asesinado a gran escala en nombre de la fe. Durante los últimos cien años más personas han sido asesinadas por su fe *y en el nombre de la fe* que en todos los siglos anteriores juntos de la historia. Y en muchos casos, los que cometieron los asesinatos los hicieron con la creencia de que servían a Dios como ocurrió en "Las Cruzadas".

Hasta dentro de la iglesia cristiana se abusa y se malversa la fe para beneficios egoístas con tanta frecuencia que es atacada y despreciada por los que no la entienden. Por la misma razón, casi se ha erradicado la fe de la experiencia de muchos creyentes. La fe verdadera es un don de Dios, y la Biblia tiene muchas advertencias contra el uso de los dones de Dios para beneficio personal.

La frase *"la fe del Reino"*, tal como se emplea en este libro, fue elegida a propósito para distinguirla de la "fe común o fe religiosa" en su significado más general. La "fe del Reino" es lo mismo que la "fe verdadera", la fe que cambia la vida y no la "fe en la "religión" sino en el Reino de Dios. Esta fe es la cultura que comparten todos los verdaderos ciudadanos del Reino.

Una vez más, permítame subrayar que *el Reino de Dios no es una religión. El Cristianismo es una religión.* El Reino de Dios es un *país (un reino).* Jesús no vino como un predicador pregonando una religión nueva sino como un embajador que hablaba en nombre del reino de su Padre. Cuando comenzó su ministerio público de enseñanza no dijo: "He aquí yo les anuncio una nueva religión". No; las primeras palabras registradas de Jesús fueron estas: *"Arrepiéntanse, porque el reino de los cielos está cerca"* (Mateo 4:17b).

A lo largo de la Biblia, el mensaje del Reino de Dios es un mensaje sobre un país (un reino), tanto en el Antiguo como en el Nuevo Testamento. Todo ser humano busca en lo más recóndito de su corazón un mejor país en la tierra. Todos los gobiernos humanos son imperfectos. Hasta el mejor y más benéfico de ellos no logra satisfacer nuestros anhelos más profundos.

Nuestra búsqueda de un país mejor es perfectamente normal. Después de todo, no perdimos una religión cuando Dios expulsó a Adán y Eva del Huerto del Edén. ¡Perdimos un país! Perdimos un dominio. Perdimos un reino. Perdimos una cultura. La fe del Reino es la clave para recobrar lo que perdimos. De modo que cuando empleo el término "fe del Reino", me refiero a la fe que tengo en el contexto de un país en el cual reina Jesucristo.

La cultura de la fe del Reino

Todo país tiene una cultura, y el Reino de Dios no es la excepción. La *cultura* hace referencia a las creencias, valores morales, costumbres sociales y estilos de vida particulares que distinguen a una nación o pueblo como únicos. La fe del Reino es la característica inconfundible de los ciudadanos del Reino, así que podemos decir que "la fe es la cultura del Reino de Dios. Él quiso desde el mismo comienzo de los tiempos que los ciudadanos de su Reino tuvieran una "fe cultural". Pero, ¿qué significa esto?

Primero que todo, significa que la *fe es el sistema monetario del Reino de Dios*. El sistema monetario hace referencia a cualquier cosa que se utilice como moneda de curso legal en un país. Ningún país puede funcionar sin una moneda. Es necesario tener una moneda con el fin de comercializar, comprar y vender en un país. ¿Qué sucede si usted no cuenta con la moneda correcta? Usted no puede comprar nada. No puede pagar las comidas, ni las bebidas, ni el alojamiento, ni los bienes ni servicios. Por mucho dinero que tenga en su bolsillo, si no es la moneda correcta del lugar donde se encuentra, usted está perdido. Sin la moneda adecuada no puede subsistir y a veces ni siquiera eso.

¿Cómo llamamos a las personas que no tienen dinero? Las llamamos pobres. En la cultura terrenal, los pobres son las personas que no tienen dinero. Sin embargo, en el Reino de Dios la pobreza no se mide en términos de falta de dinero sino de falta de fe. Las personas sin fe son pobres en el Reino de Dios sin reparar en cuánto dinero tengan en su cuenta bancaria. La falta de fe es peor que la falta de riqueza. Cuando un joven rico le preguntó a Jesús qué debía hacer para encontrar la vida eterna, Jesús le respondió: *"Si quieres ser perfecto, anda, vende lo que tienes y dáselo a los pobres, y tendrás tesoro en el cielo. Luego ven y sígueme"* (Mateo 19:21).

Básicamente, lo que Jesús le dijo al hombre fue: "No confíes en tus riquezas; confía en mí. Entonces encontrarás la verdadera riqueza". Las riquezas terrenales no perdurarán. La fe del Reino sí perdura porque pertenece al tesoro real del único dueño del universo. *¿Por qué es más importante la fe que la riqueza terrenal? La riqueza es siempre pasajera y la pueden robar, se puede perder o se puede depreciar en valor como ocurre con la crisis económica global de 2008-2009. Pero la fe del Reino es el "acceso" a la reserva ilimitada de la riqueza común del Cielo que jamás se agota. Si pierde su dinero, usted sólo está desprovisto de una cosa. Si usted pierde su fe, usted está completamente derrotado.*

Recuerde: El diablo no anda tras su dinero. No está tras su casa, su ropa, su auto, ni nada más que usted tenga. Él anda tras una cosa—su fe—. Él sabe que si puede robar su fe, usted estará en quiebra espiritual. La fe nos trae la verdadera esperanza, de modo que si se pierde la fe, la esperanza se esfuma como la neblina en el viento. La pérdida de la fe conduce a la pérdida de la esperanza, lo cual nos lleva a la desesperación. La vida se vuelve sin sentido y sin valor. De hecho, podemos decir que la desesperación caracteriza la vida de la mayoría de las personas en el mundo. La persona más pobre sobre la tierra es la persona sin fe.

Usted dirá que el dinero es necesario para tener "buena calidad de vida" en un país. La cantidad de moneda que usted tiene determina cuánto puede hacer en una sociedad. Pero recuerde que la fe es la moneda del Reino de Dios. Sin ella uno no obtiene nada ni puede hacer nada. Sin fe, la vida y las riquezas del Reino de Dios están vedadas para usted.

Esto nos lleva al segundo punto sobre la cultura de la fe del Reino: *todo en el Reino se recibe por fe*. ¿Cuántas cosas? *Todo*. ¿Es esto difícil de entender? Entonces démosle la vuelta completa: *Nada* en el Reino se recibe *sin* fe. Este es un concepto crucial. Sin moneda uno no hace nada. De hecho, uno de los principios fundamentales del comercio y de las finanzas es que uno *debe* tener dinero con el fin de ganar más dinero. Es por eso que un banco no le hace un préstamo a menos que usted pueda pagar por cuenta propia una cuota inicial del diez o del veinte por ciento de la suma prestada. Recuerde la pregunta de Jesús: *"...cuando venga el Hijo del hombre, ¿encontrará fe en la tierra?"* (Lucas 18:8b). Cuando regrese Jesús, ¿estará toda la tierra en la quiebra por falta de la moneda más importante de todas (la fe)? Todo en el Reino se recibe mediante la fe, y nada en el Reino se recibe sin ella.

Si la fe es la moneda del Reino, entonces *la fe es necesaria para vivir en el Reino*. Tal como lo dije anteriormente, si perdemos la fe estamos espiritualmente en la bancarrota, lo cual nos deja desprovistos e incompatibles para la vida del Reino. Satanás ataca solamente para robarnos nuestra fe. Lo hizo con Job, entonces ¿por qué no lo haría con usted o conmigo? ¿Por qué haría Satanás que se queme su casa? Para que deje de confiar en Dios. ¿Por qué pondría una enfermedad en su cuerpo y lo atacaría con una infección? Para que deje de creer que Dios lo puede sanar. ¿Por qué traería un revés financiero a su vida? Para que deje de creer que Dios puede suplir sus necesidades. Satanás anda tras su fe porque sabe que vivimos por ella. Invertimos la fe en las cosas del Reino de Dios. Esa es la forma en que vivimos con Dios.

La fe es necesaria en el Reino de Dios porque *sin ella no se pueden poner en marcha los principios del Reino.* Todo país tiene una constitución nacional. La Biblia es la constitución del Reino de Dios. La constitución tiene preceptos y leyes mediante los cuales se rige un país. Para que los ciudadanos de un país vivan eficazmente y disfruten de los beneficios completos de su ciudadanía es importante que conozcan las leyes del país y sepan cómo funcionan. La fe pone en marcha las leyes en el Reino de Dios. Sin la fe, nada que esté en la constitución puede tener valor. Aparte de la fe, las leyes, las promesas y la revelación de la Palabra de Dios son sólo palabras en una página escrita. La fe las vivifica a medida que el Espíritu de la fe les infunde pasión en nuestro corazón. Es por eso que aún algunos "no creyentes" pueden leer la Biblia, estudiarla y hasta citarla tan bien o mejor que usted o yo, pero sin ningún efecto positivo sobre su vida porque la fe es el motor que activa la ley de Dios. La fe es la "llave" que acciona todas las promesas y los principios del Reino. No podemos vivir realmente la vida del Reino a menos que entendamos y empleemos apropiadamente la fe.

Entonces, para resumir, *la fe es el estilo de vida del Reino.* Dicho de otro modo, la fe es el estilo mediante el cual vivimos y que usamos diariamente como una prenda de vestir. Es la manera en que manifestamos "la cultura del Reino". La fe nos mantiene vivos.

La otra definición de la fe

La palabra *fe* se emplea para describir muchos conceptos en la vida. Por ejemplo, "la fe" hace referencia normalmente a un conjunto formal de creencias o a una religión establecida como "la fe cristiana". "Mantener la fe" significa abrazar firmemente su sistema de creencias o su compromiso religioso. El término "movimiento de la fe" hace referencia a una aceptación de un régimen de creencias que magnifica el poder de la fe al estatus de una doctrina. Todas estas son expresiones legítimas que sirven para definir las experiencias individuales y colectivas de millones de personas.

El concepto de la fe ha despertado gran interés a lo largo de la historia pero sobre todo en los últimos cuarenta años, y hasta ha sido el tema de análisis doctrinal que dio a luz importantes movimientos y organizaciones religiosas. El avivamiento del enfoque sobre la fe que dio origen a lo que se conoce en el mundo occidental como "el movimiento de la fe". Este movimiento ha tenido un impacto positivo en la vida de millones de creyentes por todo el mundo. Este redescubrimiento de la fe, como un componente principal de la experiencia religiosa occidental, trajo de vuelta a muchos hombres y mujeres a la importancia de la fe en la relación de la humanidad con Dios. Yo también me he beneficiado ampliamente de este enfoque.

Sin embargo, este énfasis no ha tenido un impacto tan positivo como creemos. Para muchos estudiosos la fe se ha vuelto una doctrina aislada que da lugar a un "club exclusivo de creyentes" que hace sentir espiritualmente incompetentes a los que no tienen el "tipo correcto de fe". Esto ha tenido un efecto devastador sobre millones de personas porque hace que muchas lleven vidas con culpa, frustración, depresión, baja autoestima, o "rechacen totalmente la fe". La paradoja de todo esto es que la fe fue concebida para erradicar todos estos elementos destructivos. La fe, que debe engendrar esperanza, produce en cambio un sentido de intranquilidad y desesperanza.

Quizás el problema real es que nunca se tuvo la intensión de que la fe fuera una doctrina o un mensaje aislado sino una experiencia natural integrada dentro del panorama general del plan de Dios para la humanidad. El mismo Jesucristo jamás enseñó la fe como un componente aislado sino siempre dentro del contexto de su mensaje principal: el Reino. Su posición pareció ser que la fe era una parte normal de la vida en el Reino. En esencia, el concepto de la fe no se debe separar del contexto del Reino y sólo puede tener su efecto máximo en su papel fundamental de apropiarse de las promesas del gobierno de Dios en la tierra.

Pero, ¿qué es exactamente la fe? ¿Cómo la definiremos de una forma que sea verdaderamente significativa? El autor de la Carta a los Hebreos, en el Nuevo Testamento, la definió de esta manera: *"Ahora bien, la fe es la garantía de lo que se espera, la certeza de lo que no se ve"* (Hebreos 11:1). La palabra hebrea más común para denotar la fe es *"amor"*, mientras que la palabra griega que se emplea con más frecuencia en el Nuevo Testamento para la fe es *pistis*.[1] En vedad, *pistis* significa creencia. Pero la fe es mucho más que una creencia, un consentimiento o una aceptación mental. *Pistis* hace referencia a una convicción, esto es, una creencia profunda. También significa "estar persuadido". Alguien que tiene la fe *pistis* está persuadido a un nivel profundo de convicción de que algo es cierto.

La verdadera fe también significa una "esperanza segura". Note que la gente pone sus "esperanzas" en cosas vanas como el dinero, la belleza, etc. Pero, ¿no es esto contradictorio?

No es contradictorio desde la perspectiva bíblica. Tendemos a pensar que la esperanza es algo que deseamos aunque no tengamos la certeza de que lo recibiremos: "Espero conseguir un trabajo nuevo". ¡Cuidado! ¡La esperanza bíblica es diferente! La esperanza bíblica es segura y cierta porque está aferrada a la integridad y a las promesas de Dios. Quizás no la veamos todavía pero sabemos que vendrá porque Dios lo dijo. El apóstol Pablo dijo de la esperanza: *"Porque en esa esperanza fuimos salvados. Pero la esperanza que se ve, ya no es esperanza. ¿Quién espera lo que ya tiene? Pero si esperamos lo que todavía no tenemos, en la espera mostramos nuestra constancia"* (Romanos 8:24-25). Y una vez más, el autor de Hebreos dijo: *"Tenemos como firme y segura ancla del alma una esperanza que penetra hasta detrás de la cortina del santuario, hasta donde Jesús, el precursor, entró por nosotros..."* (Hebreos 6:19-20a). La esperanza es una parte importante de la fe del Reino, y como está anclada en un Dios que no miente y que nunca cambia, es tan innegable para nosotros como si ya la tuviéramos en nuestras manos.

La fe *pistis* también significa "determinación", porque se basa en una esperanza que nos lleva a actuar decididamente. Estar "determinado" es llegar a una decisión o una conclusión final sobre algo. Mi determinación dice: "Sé que Dios cumplirá su palabra. No sé cómo, cuándo ni dónde lo hará, pero una cosa sé, ¡Él lo hará!".

La tragedia para la mayor parte de la Iglesia moderna es que la fe de muchos creyentes profesos no alcanza este nivel de convicción. ¿Y qué de la suya? ¿Confía en la riqueza, las circunstancias y en las cosas que puede ver, o su fe está anclada en la persona de Jesucristo, que no miente y que es *"el mismo ayer y hoy y por los siglos"*? (Hebreos 13:8)

Veamos cómo funciona esto. Si usted espera que llueva, ¿qué hace? Usted lleva un paraguas. El cielo puede estar despejado y el sol radiante, pero si el pronóstico del tiempo prevé chubascos, y usted lo cree, usted va a salir de la casa preparado para la lluvia. Las personas quizás lo verán caminando con un paraguas en un día de sol radiante y pensarán que está loco, pero usted sabe algo que ellos no saben, y usted está preparado para ello. Cuando uno tiene fe, uno se prepara de antemano para lo que va a suceder porque sabe que llegará. Algunas personas dicen que confían que Dios los cuide pero no hacen nada para prepararse para el futuro ni para las tormentas que vendrán con seguridad. Esto no es fe; esto es presunción. Esto es una necedad.

La fe es la esperanza segura que lo lleva a usted a la acción. Es por eso que la Biblia dice que la fe sin obras está muerta (ver Santiago 2:26). Las buenas acciones o las buenas obras no son sustitutas de la fe. La fe verdadera—la fe del Reino—, se traduce en acciones y buenas obras. La fe del Reino *produce* buenas obras, no al revés. El propósito de este libro no es centrarnos principalmente en la definición de la fe que se puede obtener a través de un sinnúmero de libros y cursos disponibles de muchas fuentes. Mi propósito principal con esta obra es restablecer la fe en el contexto del panorama general del Reino de Dios y la extensión de este Reino en la tierra para depurar la fe de su aislamiento extremo y reajustarla en la cultura y en la naturaleza de la vida del Reino. *La fe es para el Reino como el oxígeno para la humanidad; como el dinero para la economía, y como el agua para los peces. Sin la fe uno no puede negociar con el gobierno del Reino del Cielo. El principio de la fe del Reino es simple: "Uno no se puede apropiar de lo que no cree; uno no puede depender lo que no espera". Así como uno no puede vivir sin dinero en la economía de un país, uno no puede vivir en el Reino de Dios sin la moneda de la fe.*

La fe del Reino en acción

La fe del Reino nos da acceso a todos los derechos, privilegios y beneficios del Reino de Dios—a todo lo prometido en la constitución—, la Biblia. Es por eso que es muy importante que entendamos que la fe del Reino es, y debe ser, un estilo de vida. Los ciudadanos con la moneda correcta pueden obtener cualquier cosa que ofrezca el Reino. Todo lo que tienen que hacer es pedir. Miremos un ejemplo del Nuevo Testamento.

> *Al irse Jesús de allí, dos ciegos lo siguieron, gritándole:—*
> *¡Ten compasión de nosotros, Hijo de David!*

> *Cuando entró en la casa, se le acercaron los ciegos, y él les preguntó: —¿Creen que puedo sanarlos?*
>
> *—Sí, Señor —le respondieron.*
>
> *Entonces les tocó los ojos y les dijo: —Se hará con ustedes conforme a su fe. Y recobraron la vista...* (Mateo 9:27-30a).

No hay nada misterioso sobre la fe del Reino. Es clara, práctica y no tiene nada que ver con la religión ni el ritual religioso. Jesús no les hizo ninguna pregunta religiosa a los dos ciegos, cuando lo buscaron para recobrar la vista. No les preguntó cuántas oraciones habían hecho ni cuánto dinero habían dado al Templo. Hizo una pregunta sencilla que no era religiosa: "¿Creen que puedo sanarlos?". Eso fue todo. En esencia, Jesús les preguntó: "¿Pueden pagar el precio por recobrar la vista?". Recuerde que la fe es la moneda del Reino. Estos dos ciegos buscaban un beneficio del Reino—integridad del cuerpo—, pero necesitaban la moneda correcta. Y esa moneda era la fe. Por decirlo de otra manera, Jesús les dijo: "¿Quieren recobrar la vista? Muéstrenme su dinero". Y ellos dijeron: "Aquí está Señor: creemos". Y Jesús dijo: "Está bien, es suficiente". Y Él les restableció la vista. Hicieron una transacción en el negocio del Reino con la moneda del Reino y obtuvieron lo que buscaban.

La fe del Reino en realidad no es más que los ciudadanos del Reino que *creen en las promesas legales de su gobierno que se encuentran en la constitución de la Palabra y reclaman sus derechos bajo la ley.* Fíjese cómo los dos ciegos abordaron a Jesús. Primero lo llamaron el "Hijo de David", reconociendo que Jesús era el Rey porque descendía del linaje real de David. "Hijo de David" fue otra frase que se entendió en la época de Jesús para referirse al Mesías, el Rey y Salvador prometido de Israel. Los ciegos también llamaron a Jesús "Señor", que significa "dueño". Reconocieron, al emplear ese título, que Jesús de hecho era el Rey y dueño legítimo de todas las cosas, incluyendo a ellos mismos. En realidad, al llamar a Jesús "Señor", dijeron: "Usted es nuestro dueño y somos ciegos, lo cual quiere decir que usted es dueño de nuestra ceguera". Esto presionó a Jesús, porque la reputación del rey depende en parte del bienestar y la calidad de vida de su pueblo. Estos dos hombres llegaron como ciudadanos del Reino para reclamar su derecho real de bienestar, pagaron con la moneda de la fe y se marcharon íntegros.

Algunas personas se acercan a Dios para obtener cosas, pero no quieren que Dios sea su dueño. "Bendíceme, Señor, pero no te metas en mi vida. No toques mis relaciones. No te enredes en mis negocios". Y Dios dice: "Un momento. ¿Quién crees que soy?". Esta es una pregunta seria. ¿Quién es Dios para usted? Para la fe "religiosa", Dios es un Papá Noel celestial a quien se recurre para obtener cosas. La fe del Reino dice, sin embargo, Dios es el Señor y el Rey, Creador soberano y Dueño de todas las cosas.

Jesús dijo: *"Por eso les digo: Crean que ya han recibido todo lo que estén pidiendo [deseen] en oración, y lo obtendrán"* (Marcos 11:24). Muchas personas malinterpretan y emplean mal este versículo, pensando que significa que pueden exigir egoístamente cualquier cosa que quieran de Dios. Están equivocados. Las Escrituras también declaran que debemos pedir en el nombre de Jesús (ver Juan 14:13), lo cual debe ser conforme a su carácter y de acuerdo con la voluntad de Dios (ver 1 Juan 5:14). El deseo tiene que ver con una pasión profunda, mientras que un interés despreocupado exhibe una actitud de "tómalo o déjalo". El deseo es el impulso interno que dice: "No voy a dejarlo escapar hasta que lo obtenga". Jesús les preguntó a los dos ciegos: "¿Creen que puedo hacer esto? Otra pregunta tácita pero implícita es: "¿Con cuánta ansiedad lo quieren?". El nivel de lo que recibimos en el Reino está determinado por la cuantía de lo que creemos. Cuanto más fe ejercemos (más moneda que negociemos), mayor será nuestra experiencia de la vida del Reino. Si perdemos la fe, no podremos obtener nada del Reino de Dios. Es por eso que Satanás anda tras nuestra fe.

Los enemigos de la fe

En su campaña implacable por destruir la fe, Satanás utiliza dos armas poderosas, dos enemigos devastadores de la fe: el temor y la duda. El temor y la duda están relacionados. Siempre que aparece uno, el otro no está muy lejos. Una de las estrategias principales de Satanás para robar la fe es tratar de sembrar temor en nuestra vida. Él toma todo tipo de medidas drásticas y trae toda clase de adversidad a nuestro camino para asustarnos porque sabe que donde hay temor no hay fe. El temor produce *tormento*, y el tormento provoca desesperanza, una sensación de que no hay salida al tormento actual. Otra palabra para denotar tormento es *preocupación*. La preocupación prolongada y no aliviada produce todo tipo de problemas de salud. De hecho, la preocupación es el factor principal en la base de casi toda enfermedad. De modo que el temor en realidad nos puede enfermar físicamente. Lo último que queremos en la vida es rendirnos ante el temor. Vivir en medio del temor destruye nuestro potencial y debilita nuestra fe.

Vivir en fe, por otra parte, nos habilita para alcanzar nuestro potencial máximo y hasta que podemos hacer lo imposible. Jesús maldijo un día una higuera que no produjo fruto, como una lección práctica para sus discípulos. El árbol se marchitó inmediatamente. Los discípulos asombrados preguntaron cómo ocurrió esto:

> —Les aseguro que si tienen fe y no dudan —les respondió Jesús—, no sólo harán lo que he hecho con la higuera, sino que podrán decirle a este monte: "¡Quítate de ahí y

tírate al mar!" , *y así se hará*. *Si ustedes creen, recibirán todo lo que pidan en oración* (Mateo 21:21-22)

Mientras tratemos de vivir en la cultura del Reino en este mundo, siempre tendremos que luchar entre la fe y el temor. Nuestro reto es asegurarnos que triunfe la fe. El temor nos mantendrá alejados de la montaña; la fe moverá la montaña. No creo que Jesús hablaba necesariamente de montañas físicas, aunque eso también pudo ser una posibilidad. Él hablaba de cualquier cosa que *parece* una montaña para nosotros, cualquier cosa que parece ser impenetrable, que parece destruir nuestro progreso. La fe del Reino quitará todos los obstáculos. Quizás no todos desaparezcan en seguida, pero al final triunfa la fe. La fe es la victoria que vence al mundo.

Hacemos parecer a la oración muy difícil, pero en la cultura del Reino debe ser la cosa más natural del mundo. Considere la sencillez de la declaración de Jesús: *"Si ustedes creen, recibirán todo lo que pidan en oración"*. ¿Qué puede ser más simple? Es claro y preciso. El único requisito para la eficacia en la oración es la fe. Si cree, si ejercita la fe del Reino, entonces ni Satanás ni todos los poderes del infierno podrán detenerlo. El temor no puede resistir la presencia de la fe. Sabemos, mediante la fe, que Dios es amor y que Él nos ama. La fe nos enseña a amar a Dios, y a medida que esta relación de amor crece, huye el temor porque el amor echa fuera el temor: *"En el amor no hay temor, sino que el amor perfecto echa fuera el temor. El que teme espera el castigo, así que no ha sido perfeccionado en el amor"* (1 Juan 4:18).

La fe del Reino debe vencer la duda y las pruebas. Todos en la tierra pasamos por pruebas. Las pruebas y las dificultades son la suerte común del género humano. Ninguno de nosotros es inmune; ninguno de nosotros estamos exentos. Aunque quizás no tengamos control sobre cuándo, dónde y cómo lleguen las pruebas, tenemos control sobre cómo respondemos ante ellas.

Las pruebas fortalecen o quebrantan nuestra fe. Si vamos más al grano, las pruebas demuestran o revelan el tipo de fe que tenemos. La fe del Reino está sujeta a la roca de Cristo que resistirá; otro tipo de fe no lo hará. Debemos decidir entre la fe y el temor, siempre que enfrentemos una crisis de algún tipo. Jesús entiende esto, y es por eso que a menudo dice: "No temas".

Jairo, un jefe de la sinagoga, le pidió a Jesús un día que fuera a su casa y sanara a su hija que estaba muy enferma. Cuando estaban de camino, llegaron unos mensajeros para informarles que la niña había muerto. Entonces estos le sugirieron a Jairo que no siguiera "molestando" a Jesús. Jesús pensó diferente: *"Sin hacer caso de la noticia, Jesús le dijo al jefe de la sinagoga: —No tengas miedo; cree nada más"* (Marcos 5:36). Luego Él ingresó a la casa de Jairo y resucitó a su hija.

Vigile constantemente su fe. Las personas tratarán de disuadirlo de su creencia. El temor y la duda son dos grandes enemigos, y siempre están listos y agazapados justo a fuera de su puerta para atacar. Conozco el temor y la duda, como todos los demás, y sé cuán poderosos son. El doctor le da el diagnóstico: cáncer. Su jefe le dice que fue despedido. Su casa queda reducida a cenizas y pierde todo. Sucede algo así y el suelo se hunde bajo sus pies. Se desmorona todo su mundo. El temor brota en su interior y amenaza con abrumarlo, antes de que siquiera pueda pensar al respecto. Jesús dice: "Entiendo. Sé que tienes miedo. No tengas miedo. Confía en mí. Cambia tu temor por fe". La decisión siempre está allí, en cualquier situación de crisis: el temor o la fe. Escoja la fe. No siempre será fácil porque el temor luchará con usted a brazo partido, pero no se rinda. Defiéndase. Pelee la batalla de la fe.

La batalla de la fe

La lucha entre la fe y el temor es la única batalla que en realidad tenemos en la vida. Ni siquiera luchamos contra el diablo; él solo nos hace pensar que sí lo hacemos. El apóstol Pablo animó a Timoteo, su joven protegido, *"Pelea la buena batalla de la fe…"* (1 Timoteo 6:12a). Pablo también puso en práctica lo que predicó. Hacia el final de su vida, Pablo le testificó a Timoteo: *"He peleado la buena batalla, he terminado la carrera, me he mantenido en la fe"* (2 Timoteo 4:7). Pablo escribió, con relación a esta batalla: *"Porque nuestra lucha no es contra seres humanos, sino contra poderes, contra autoridades, contra potestades que dominan este mundo de tinieblas, contra fuerzas espirituales malignas en las regiones celestiales"* (Efesios 6:12). Los enemigos espirituales exigen armas espirituales:

> *"…pues aunque vivimos en el mundo, no libramos batallas como lo hace el mundo. Las armas con que luchamos no son del mundo, sino que tienen el poder divino para derribar fortalezas. Destruimos argumentos y toda altivez que se levanta contra el conocimiento de Dios, y llevamos cautivo todo pensamiento para que se someta a Cristo"* (2 Corintios 10:3-5)

Las "fortalezas" a las que se refiere Pablo son las fortalezas mentales, maneras arraigadas de pensar que el diablo usa para engañarnos en cuanto a la naturaleza de nuestra lucha así como a la identidad de nuestros enemigos. Las pruebas de la vida—la enfermedad, la pérdida de un empleo, un revés financiero, hijos rebeldes y similares—, no son nuestros enemigos. Nuestros enemigos son los poderes espirituales malignos de la oscuridad que aprovechan las pruebas para infundir temor y duda en nuestro corazón con el propósito de hacernos perder la esperanza. Es por eso que necesitamos el poder divino, el poder de Cristo, para derribar esas fortalezas mentales y sustituirlas con maneras nuevas de pensar basadas en la fe.

La fe del Reino es tan poderosa que hasta quita el temor a la muerte. Tanto la Biblia como la historia posterior están llenas de testimonios de creyentes que se enfrentaron a la muerte valientemente, llenos de confianza y hasta con una expectativa gozosa porque por la fe sabían que la muerte no era el final sino el comienzo. La muerte física no significa nada para el ciudadano del Reino; es simplemente la entrada para el otro lado, la vida en abundancia total. Como creyentes, no perdemos cuando morimos; ganamos. A veces medimos a Dios en este lado y olvidamos que Él es aún superior al otro lado. Pablo supo que esto era cierto, por lo cual pudo escribir en perfecta paz: *"Porque para mí el vivir es Cristo y el morir es ganancia"* (Filipenses 1:21). La fe es la victoria que conduce a la salvación pura, completa y total. No deje que el temor y la duda gobiernen su vida. Estos son ladrones de la fe.

Una razón por la cual muchas personas tienen un problema con la fe es porque esta parece estar contra la intuición; aparentemente va contra el pensamiento "racional". El mundo tiende a tomar las apariencias externas y las circunstancias en sentido literal. No obstante, la apariencia es por lo general engañosa. Jamás podremos conocer la verdad de alguna situación hasta que la veamos desde la perspectiva de Dios y esto requiere de fe. La fe para el mundo no tiene sentido porque implica una paradoja. La paradoja es una declaración aparentemente contradictoria que no obstante es verdad. La vida del Reino se basa en paradojas: los últimos serán los primeros y los primeros, los últimos (ver Mateo 19:30); el más importante en el Reino son los siervos de los demás (ver Mateo 23:11); la humildad es el camino a la grandeza (ver Mateo 16:25). La fe es también una paradoja. La fe es, tal como lo dice Hebreos 11:1, la *garantía* de lo que *esperamos* y la *certeza* de lo *que no vemos.* Para decirlo de otra manera, en la duda, tenga fe; cuando no sepa qué hacer, crea; cuando nada tenga sentido, confíe.

Es importante dónde depositamos nuestra fe, tal como lo vimos en el Capítulo 1. Jesús dijo: *"Tengan fe en Dios"*

(Marcos 11:22). No confíe en la cosas ni en la gente, sino en Dios. Él solo es inquebrantable. Las personas lo defraudarán. Los sistemas fracasarán. Los empleos desaparecerán. Deposite su fe en Dios. Su Reino jamás caerá. Dios jamás le fallará. Él es firme. Él es estable. Dios es eterno.

La fe, no las señales

Tal como lo hemos visto, la fe en Dios significa confiar en su Persona, no en sus suministros. Significa creerle por lo que es Él, no por lo que hace. La fe que siempre busca señales es una fe inmadura. Recuerde, la fe del Reino cree en lo que se *espera* y que aún no *se ha visto*.

Jesús le dio una respuesta sorprendente a un hombre que un día fue a su encuentro para pedirle un milagro:

> *Y volvió otra vez Jesús a Caná de Galilea, donde había convertido el agua en vino. Había allí un funcionario real, cuyo hijo estaba enfermo en Capernaúm. Cuando este hombre se enteró de que Jesús había llegado de Judea a Galilea, fue a su encuentro y le suplicó que bajara a sanar a su hijo, pues estaba a punto de morir.*
>
> *—Ustedes nunca van a creer si no ven señales y prodigios —le dijo Jesús* (Juan 4:46-48).

¿No suena áspero? Un hombre temeroso y angustiado va a donde Jesús para pedirle que sane a su hijo moribundo y Jesús le dice: "Nunca va a creer si no ve un milagro". Aquí hay un hombre con un problema y uno pensaría que Jesús respondería con compasión. Con toda certeza Jesús debió lamentarse muchas veces por la falta de fe que encontró en las personas que lo seguían en tropel. No cabe duda que estaba cansado de que ellos se le acercaran a pedirle cosas. Pero había algo más que estaba sucediendo. Jesús estaba probando la fe y la motivación del hombre que buscaba su ayuda. El hombre pasó la prueba.

>—*Señor* —*rogó el funcionario*—, *baja antes de que se muera mi hijo.*

>—*Vuelve a casa, que tu hijo vive* —*le dijo Jesús*—.

>*El hombre creyó lo que Jesús le dijo, y se fue. Cuando se dirigía a su casa, sus siervos salieron a su encuentro y le dieron la noticia de que su hijo estaba vivo. Cuando les preguntó a qué hora había comenzado su hijo a sentirse mejor, le contestaron:* —*Ayer a la una de la tarde se le quitó la fiebre.*

>*Entonces el padre se dio cuenta de que precisamente a esa hora Jesús le había dicho: «Tu hijo vive.» Así que creyó él con toda su familia* (Juan 4:49-53).

La única preocupación de este padre afligido era la vida de su hijo moribundo. No estaba tras una demostración llamativa ni un milagro impresionante; sólo quería que su hijo estuviera bien otra vez. Jesús le respondió *ahora* con compasión. Se acabó la prueba. Le dijo al hombre que se fuera a su casa y le aseguró que su hijo viviría. Fíjese que el hombre *aceptó lo que Jesús dijo y se marchó*. Su petición original era que Jesús *fuera* y sanara a su hijo. Jesús dijo en lugar de eso, "*Vuelve. Tu hijo vive*". Esto fue suficiente para el hombre. Su partida llena de confianza basada en la promesa de Jesús demostró que no tenía fe en los milagros, sino en el Dios de los milagros. La confirmación de la curación de su hijo en el momento exacto que Jesús la anunció solidificó la fe del hombre hasta el punto que él y toda su familia se convirtió. Así como sucedió con los dos ciegos, este padre afligido hizo una transacción en el negocio del Reino con la moneda del Reino—la fe—, y recibió un beneficio del Reino.

Dios quiere a veces que luchemos por nuestra fe porque la lucha por nuestra fe la fortalece. Las bendiciones no llegan siempre cuando las queremos; las curaciones no ocurren siempre en nuestro cronograma; las dificultades no desaparecen siempre tan rápido como queremos. Dios usa estas oportunidades para probar nuestra fe. Él pregunta: "¿Confías en mí pase lo que pase? ¿Aún vas a creer si no obtienes lo que deseas y de la forma que esperas?". El quiere ver nuestra fe en marcha y que esta funciona.

Los milagros no son los que nos protegen, es la Palabra de Dios. El hombre del hijo enfermo *creyó en la palabra de Jesús* y recibió su milagro. Tuvo fe en Cristo, no en lo que Él podía hacer. Recuerde, las bendiciones son pasajeras. Los milagros son pasajeros. Jesús resucitó a Lázaro de entre los muertos, pero Lázaro volvió a morir después. Las señales y prodigios son pasajeros pero Dios es eterno.

Las cosas que Dios quiere hacer en su vida no las puede hacer sin la fe. Debe creer *sólo* en el Él y no en alguna señal. Él probará su fe para comprobarla y fortalecerla. A veces lo llevará justo al borde y dirá: "Salta". ¿Saltará sólo con su palabra y confiará en Él por las consecuencias? O dará la vuelta y dirá: "¡Señor, primero muéstrame una señal!". Él quiere saber que usted confía lo suficiente en Él para saltar. Aún más, Él quiere que usted sepa que confía lo suficiente en Él para saltar. Quizás Él lo deje caer todo el recorrido hasta el suelo antes de cogerlo, pero Él lo cogerá. Luego dirá: "¡Bien hecho! ¡Sabía que lo podías hacer! ¡Eres en realidad un hijo de mi Reino!".

La fe es la moneda del Reino. Gástela con abundancia y dispondrá de todo. Deposite su fe en Dios. Crea en Él y todo le será posible.

Los principios del Reino

La fe es la moneda del Reino de Dios.

Todo en el Reino se recibe por fe.

Sin la fe los principios del Reino no se pueden poner en marcha.

El principio de la fe del Reino es simple: "Uno no se puede apropiar de lo que no cree; uno no puede reconocer lo que no espera".

La fe del Reino en realidad no es más que los ciudadanos del Reino que creen en las promesas legales de su gobierno que se encuentran en la constitución de la Palabra y que reclaman sus derechos bajo la ley.

En la duda, tenga fe; cuando no sepa qué hacer, crea; cuando nada tenga sentido, confíe.

Nota al final

1. Ver http://www.studylight.org/lex/heb/view.cgi?number=0530; "aman"; http://www.studylight.org/lex/grk/view.cgi?number=4102; "pistis".

Capítulo 3

La fe en el Reino de Dios es una fe puesta a prueba

"La fe no es fe hasta que crea en todo".

La fe del Reino es la fe probada, y la fe probada es la fe madura. Recuerde, nuestra fe es sólo tan firme como las pruebas que aguanta. *Uno no cree hasta que tiene que hacerlo.* La fortaleza de nuestra fe determina la plenitud de la vida del Reino. La fe es la moneda del Reino de Dios, y la economía del Reino nunca sufre una recesión. Nunca experimenta la inflación. La economía del Reino es siempre estable, siempre es fiable, siempre es segura. Siempre que invirtamos nuestra fe en la economía del Reino estaremos invirtiendo en un "mercado alcista".

Una cosa es fanfarronear sobre la fe y otra cosa totalmente distinta es invertir en nuestra fe—"predicando con el ejemplo"— durante las épocas de estrés y de prueba. Es entonces cuando se deja al descubierto nuestro verdadero nivel de madurez. Nuestra madurez se mide por la manera como manejamos la presión, el estrés y los momentos de confusión y de tensión. Las personas inmaduras fracasan bajo el estrés. Ceden ante el estrés. Renuncian cuando las cosas se ponen duras. ¿Qué tan maduro es usted?

La clave para vivir de manera eficaz es la capacidad y la actitud para manejar lo previsto y lo inesperado. Ocuparse de lo previsto no es muy difícil para la mayoría de las personas porque es fácil prepararse para lo que se ve. Pero, ¿y qué de lo inesperado? ¿Cómo reacciona usted cuando ocurre de repente algo inesperado? Su respuesta a lo inesperado es una señal que indica cómo está su fe. Las personas maduras se preparan para lo inesperado. Esperan lo inesperado y hacen planes con antelación. Las personas inmaduras no lo hacen y normalmente sufren las consecuencias. Como dice un proverbio: *"El prudente ve el peligro y lo evita; el inexperto sigue adelante y sufre las consecuencias"* (Proverbios 22:3).

La madurez y el éxito están relacionados. *El éxito se mide por su actitud para mantener la ecuanimidad en las épocas de confusión.* Tengo un dicho el cual he seguido durante muchos años: "Si no me preocupo, preocúpense por mí". Ya existen suficientes personas que se preocupan por todo, así que ¿para qué unirse a ellos? Las personas maduras mantienen el equilibrio personal incluso durante los momentos de confusión. Mantener la ecuanimidad significa creer más en lo que Dios dijo que en lo que vemos. Recuerde, las apariencias son engañosas. Debemos ver con los ojos de Dios en cualquier situación antes de conocer la verdad. Y para ver debemos utilizar los ojos de la fe. Las grandes revelaciones en la vida, así como las grandes oportunidades para crecer siempre se dan durante las crisis inesperadas y los momentos de prueba. Es allí cuando Dios se revela así mismo a nosotros de nuevas formas. Él nos da una fe nueva porque necesitamos manejar los nuevos entornos. Pero debemos ejercer la fe que tenemos.

Las pruebas nos moldean y nos ayudan a crecer para ser individuos maduros y ecuánimes. *La madurez se mide mediante la aptitud para responder eficazmente ante la tragedia y el caos.* ¿Cómo maneja usted el caos? ¿Qué hace cuando de repente todo se derrumba a su alrededor? Su manera de actuar en esos momentos revela lo maduro que es usted. Podemos distinguir siempre la madurez de una persona mediante la manera como él o ella maneja la presión. Por decirlo de otra manera, nunca conocemos verdaderamente a una persona hasta que observamos su comportamiento cuando está estresada. La presión no sólo revela la madurez; también revela su carácter. ¿Puede ponerse a la altura de las circunstancias inesperadas, caóticas e incluso trágicas? ¿Su fe se mantiene firme y crece ante las pruebas de la vida? O ¿su mundo tiene que permanecer impecable, ordenado e imperturbable para que usted pueda encargarse de la vida? No le tenga pavor a las pruebas; lo harán más fuerte. Todo lo que tiene que hacer es mantenerse firme en su fe, y saldrá bien librado con madurez y ecuanimidad.

Un estímulo que tenemos para permanecer firmes en nuestra fe es el hecho de que somos ciudadanos de un Reino que jamás puede ser derribado ni destituido. El Reino de Dios es un reino eterno que permanecerá con todo su poder y gloria por siglos después de que el último gobierno humano se haya desmoronado. Que nos alienten las palabras de las Escrituras: *"Así que nosotros, que estamos recibiendo un reino inconmovible, seamos agradecidos. Inspirados por esta gratitud, adoremos a Dios como a él le agrada, con temor reverente, porque nuestro «Dios es fuego consumidor».* (Hebreos 12:28-29).

El país del Cielo y el gobierno que representa es inconmovible. A veces olvidamos las cosas por las que este Reino ya tuvo que pasar y que ha pasado por épocas peores que las que vemos durante el transcurso de nuestra vida. Muchos imperios y gobiernos humanos han tratado por siglos de destruir el Reino de Dios. Han perseguido y asesinado al pueblo de Dios; han prohibido y quemado su Libro, la Biblia; han proscrito la enseñanza de la Palabra de Dios; y de muchas otras formas han tratado de deslegitimar, distorsionar y desacreditar el Reino de Dios. Pero cada uno de estos regímenes ha sido derrotado y ha desaparecido de la faz de la tierra mientras que el Reino de Dios todavía se mantiene firme e inconmovible. Ha pasado por todo lo que nos podemos imaginar y todavía surge victorioso—y siempre lo hará—. Toda generación ve surgir nuevos poderes o gobiernos que desafían la soberanía de Dios; lo vemos en nuestro mundo actual. Esto ha de esperarse porque Satanás jamás se rinde. No obstante, el Reino de Dios sobrevivirá a todos estos ataques, de modo que tenemos razones sobradas para estar seguros.

La fe puesta a prueba produce resistencia

Una vida exitosa en un mundo lleno de desafíos diarios exige que haya personas fuertes que saben cómo resistir. La fe del Reino produce resistencia sin eludir ni escapar de las pruebas y las dificultades, sino enfrentándolas con el poder del Espíritu de Dios. La Palabra de Dios hace una conexión clara entre la fe y la resistencia a través de las pruebas:

> *Hermanos, siempre debemos dar gracias a Dios por ustedes, como es justo, porque su fe se acrecienta cada vez más, y en cada uno de ustedes sigue abundando el amor hacia los otros. Así que nos sentimos orgullosos de ustedes ante las iglesias de Dios por la perseverancia y la fe que muestran al soportar toda clase de persecuciones y sufrimientos. Todo esto prueba que el juicio de Dios es justo, y por tanto él los considera dignos de su reino, por el cual están sufriendo* (2 Tesalonicenses 1:3-5).

Los creyentes cristianos en la ciudad de Tesalónica pasaron por "persecuciones y sufrimientos". Pablo dijo que estaban "sufriendo" por el Reino de Dios. ¿Y cuál fue el resultado de su sufrimiento? ¿Se rindieron, o huyeron, o sucumbieron, o abandonaron su fe? ¡Ni hablar! Por el contrario, "soportaron". Su fe se acrecentaba "cada vez más" y aumentaba su amor mutuo. Todo esto ocurrió *en medio de* las pruebas y las persecuciones. Estos creyentes desarrollaron una reputación por la fe y la perseverancia. ¿No sería maravilloso que las personas lo conocieran a usted no por las cosas de que se salvó, sino por lo que atravesó? Animamos e inspiramos a los demás a resistir las pruebas que ellos afrontan, siempre que aguantamos las pruebas con gracia y seguridad y salimos fortalecidos al otro lado. Aún más, nuestra resistencia les señala a Jesús, en cuya fortaleza nos sostenemos.

La fe del Reino nos prepara para soportar las pruebas y se fortalece con cada prueba que sobrelleva. Esta es la naturaleza de la fe del Reino; la cual prospera en el crisol de las crisis. No podemos escapar de las pruebas de la vida, pero podemos prevalecer en ellas por medio de la presencia y el poder del Señor. Podemos experimentar a la vez la paz interna. Jesús dijo: *"Yo les he dicho estas cosas para que en mí hallen paz. En este mundo afrontarán aflicciones, pero ¡anímense! Yo he vencido al mundo"* (Juan 16:33).

A las personas generalmente no les causa impresión nuestra fe durante la época de prosperidad. Cualquiera cree cuando las cosas van bien. Observan qué hacemos cuando las cosas se ponen difíciles. ¿Puede reflejar a Jesús donde quiera que esté pase lo que pase en su vida?

Recuerdo siempre el día cuando almorcé hace unos años con Corrie ten Boom, en Tulsa, Oklahoma. La señorita ten Boom y otros miembros de su familia contribuyeron decisivamente para esconder a los judíos de los nazis en la segunda guerra mundial y para ayudarlos a salir del país, trabajando en la tienda de relojes de su padre en su natal Holanda. Con el tiempo fueron capturados por los alemanes y enviados a los campos de concentración. El padre de Corrie y su hermana Betsie murieron en esos campos. Sin embargo, antes de la muerte de Betsie, ella y Corrie propagaron la luz del amor y de la gracia de Cristo entre las mujeres con las que estuvieron reclusas en el campo de concentración de Ravensbruck. Llevaron a cabo lecturas bíblicas y reuniones de oración todas las noches en sus barracas. La luz de la verdad del Cielo brilló en un lugar que era el infierno en la tierra, y varias vidas fueron transformadas para siempre.

Corrie, después de ser puesta en libertad en Ravensbruck por un "error de copiado", un mes antes de que todas las demás mujeres fueran enviadas a la cámara de gas, dedicó el resto de su larga vida recorriendo el mundo, enseñando y dando testimonio de la gracia y del amor de Dios. Ella solía decir: "No existe un hoyo tan profundo para el cual el amor de Dios no sea aún más grande".[1] Ella debía saberlo después de todo lo que experimentó. Su fe fue probada como nunca antes en Ravensbruck—la de Betsie también lo fue— y ambas prevalecieron.

Corrie escribió un libro sobre sus experiencias llamado *"El Refugio Secreto"*, que posteriormente fue llevado de manera excelente al cine. Como dije: tuve el bendito privilegio de compartir un almuerzo con esta extraordinaria mujer. Tenía ochenta y siete años en ese entonces y aún estaba firme en el Señor. Le pregunté durante la comida: "Señorita ten Boom, si le pudiera decir algo a un joven para ayudarlo, ¿qué me diría?".

Su respuesta cambió mi vida. Dijo: "Myles sólo recuerda crecer donde fuiste sembrado". Eso es lo que he hecho desde entonces. Fundé la iglesia *Bahamas Faith Ministries (BFM)* en 1980 y todavía estoy aquí casi treinta años después. Las personas vienen y se van, lo que es normal, pero todavía estoy aquí. Y algunas de las personas con las que trabajo en BFM están aquí desde el comienzo. Crezca donde fue sembrado. Florezca donde Dios lo colocó. Hemos soportado todo tipo de tormentas, persecución y pruebas a lo largo de los años en BFM. ¿Por qué? Porque fuimos sembrados. No estamos aquí porque las cosas nos salen bien o mal. Estamos aquí porque Dios nos sembró. Crezca donde fue sembrado. Pablo elogió a los tesalonicenses: *"Así que nos sentimos orgullosos de ustedes ante las iglesias de Dios por la perseverancia y la fe que muestran al soportar toda clase de persecuciones y sufrimientos"* (2 Tesalonicenses 1:4). Piense en los sufrimientos que ha vivido en el pasado, o en los que pasa ahora mismo. ¿Pablo se sentiría orgulloso de *su* perseverancia y su fe? Aún más importante, ¿se sentiría orgulloso Dios?

Pablo también dijo que cuando nuestra fe sale bien de una prueba se nos considera dignos del Reino de Dios (2 Tesalonicenses 1:5b). Nuestro merecimiento del Reino de Dios está ligado a nuestra capacidad para soportar las dificultades, de perseverar ante las pruebas. Con esto en mente, las pruebas deben ser bien recibidas cuando lleguen, no porque sean sencillas—por lo general no lo son—, sino porque sabemos que nos ayudan a madurar y a crecer en la plenitud de la vida del Reino. Santiago, el medio-hermano de Jesús, lo dijo de esta manera:

> *"Hermanos míos, considérense muy dichosos cuando tengan que enfrentarse con diversas pruebas, pues ya saben que la prueba de su fe produce constancia. Y la constancia debe llevar a feliz término la obra, para que sean perfectos e íntegros, sin que les falte nada"* (Santiago 1:2-4).

La fortaleza y la madurez se desarrollan en usted cada vez que pase por un período de dificultad. Dicho de otro modo, las circunstancias pueden cambiar y usted gana el proceso. Rara vez crecemos cuando nos hallamos en los momentos de prosperidad. Usted sabe cuándo Dios está listo para otro salto en su vida por las pruebas que le permite tener. Él lo lleva por un pequeño período difícil porque lo prepara para subirlo a otro nivel. Así que resista cualquier cosa que le lance la vida, afróntela con fe y salga victorioso y más fuerte al otro lado. Imagínese lo que las personas podrán decir de usted, y aún mejor, del Dios que lo fortalece.

Las personas a su alrededor observan para ver qué tipo de fe tiene usted y a qué clase de Dios le sirve. Si todo lo que usted tiene son "buenas" historias que contar, entonces ellos concluirán que Dios no es nada más que un Papá Noel celestial. Por eso dirán: "quiero esa clase de Dios", cuando lo vean pasar por el infierno y salga sonriendo y sin ningún aroma de humo. No nos ganamos el respeto de un mundo que observa ni del Reino de Dios por las cosas de las que nos libramos sino por las cosas que aguantamos.

Héroes bíblicos de la fe que pasaron la prueba

Considere los siguientes personajes bíblicos que pasaron la prueba. Pregúntese si usted tiene lo que se requiere para ser una persona de una fe firme, o si su pasado discutible quizás lo descalifica. Esos héroes fueron personas de a pié como usted y yo, y a excepción de uno (Jesús) todos fallaron de una forma u otra—algunos de manera estrepitosa—, pero salieron victoriosos y probaron su merecimiento del Reino de Dios.

Moisés mató a un egipcio. Moisés asesinó a un hombre a sangre fría cuando lo vio golpear a un hebreo, alguien de su propio pueblo. Por consiguiente, Moisés debió huir para salvar su vida y pasar los próximos cuarenta años en el desierto criando ovejas. Moisés fue escogido por Dios para liberar a los israelitas de la esclavitud egipcia. ¿El acto precipitado de Moisés fue un revés para el plan de Dios? Quizás, pero no fue algo que tomó a Dios por sorpresa. Y el exilio de cuarenta años en el desierto le sirvió a Moisés para imprimirle carácter y madurez, de modo que cuando regresó a Egipto estaba preparado para la obra que Dios lo llamó a hacer. Moisés pasó la prueba.

Abraham se acostó con la criada de su esposa. Dios le prometió un hijo a Abraham con su esposa Saray, pero tras muchos años de espera decidieron "ayudarle a Dios". La criada de Saray, Agar, quedó embarazada de Abraham y le dio un hijo, Ismael. Pero Dios reanudó su promesa con Abraham de darle un hijo con Saray, y Abraham le creyó a Dios. Saray dio a luz a Isaac cuando Abraham tenía cien años y Saray, noventa. Abraham pasó la prueba.

Josué tuvo que enfrentarse a sus enemigos en Jericó. ¿Cómo podía alguien suceder a Moisés? Pero ese fue justo el desafío que tuvo que afrontar Josué. Dios, para animar a Josué, le prometió que estaría con él y lo haría triunfar a él y al pueblo de Israel. Josué hizo cruzar al pueblo por el Río Jordán hacia la tierra de Canaán, poco después de la muerte de Moisés. Dios separó milagrosamente las aguas del río, tal como lo hizo en el Mar Rojo con Moisés, para que el pueblo pudiera cruzar sobre terreno seco. Dios a veces hace milagros para animarnos a seguir adelante. Piense en eso como una gratificación. La mayoría de las veces debemos pelear la batalla de la fe. Josué y los israelitas cruzaron el Jordán con seguridad, adorando y alabando a Dios, pero tuvieron que enfrentar la ciudad amurallada de Jericó tan pronto como llegaron a la otra orilla. Josué quizás pensó que iban a poder descansar, pero Dios los condujo directo de una prueba a la otra. Podemos salir airosos de cada prueba que Dios permita en nuestro camino pero habrá otra prueba por delante. De modo que si trata de escaparse de las pruebas va a estar huyendo por el resto de la vida. Josué le creyó a Dios y los muros de Jericó se cayeron. Josué pasó la prueba.

Daniel pasó una noche en el foso de los leones. Daniel fue un hombre de Dios que creyó en Él y tuvo fe y le obedeció aún bajo la amenaza de muerte a manos de un rey pagano. Pero fue al foso de los leones y salió sano y salvo sin un solo rasguño. Nuestra fe no nos protege *de* las pruebas; nos lleva *a* ellas. Dios quiere demostrar que la fe que nos dio por medio de su Palabra es más fuerte que cualquier circunstancia que tengamos por delante. Ser ciudadanos del Reino no nos da inmunidad ante las pruebas y los sufrimientos. De hecho, la ciudadanía del Reino aumenta las pruebas y los sufrimientos para probar que lo que tenemos es oro puro. Daniel pasó la prueba.

David cometió adulterio con Betsabé e hizo que su esposo, Urías, uno de sus mejores generales, muriera en un intento por cubrir su pecado. Pero la Biblia dice que David era un hombre de los que le agradan a Dios. ¿Por qué? Porque a pesar de sus grandes defectos, David también tuvo muchas fortalezas; una de esas fortalezas era que amaba a Dios con todo su corazón. David confesó su pecado, se arrepintió y recibió el perdón de Dios cuando lo confrontaron por su pecado. En resumen, la vida de David fue de fe, integridad y rectitud. David pasó la prueba.

Job perdió todo. Dios le permitió a Satanás que probara a Job porque decía que la fe de Job sólo duraría mientras Dios continuara bendiciéndolo. Dios lo sabía muy bien, así que le permitió a Satanás quitarle a Job todo lo que tenía. A Job ni se le ocurrió maldecir a Dios ni abandonar su fe, aunque sostuvo su derecho a la justicia y cuestionó abiertamente porqué tenía que sufrir. Dios le devolvió al final el doble de lo que tuvo al comienzo. Job pasó la prueba.

A Jesús lo traicionó uno de sus mejores amigos. Las personas más cercanas a nosotros son siempre las que más nos hieren. Usted no puede traicionar a alguien que no confía en usted. La traición sólo es posible cuando hay confianza involucrada. Judas, uno de los doce discípulos de Jesús y más cercanos seguidores lo traicionó con sus enemigos. ¿Jesús renunció a su plan? No. Pero Judas se suicidó. Jesús incluso predijo que lo haría. ¿No se debió sentir culpable Jesús? No. Jesús de hecho le dijo a Judas: "Haga lo que quiera. No me responsabilizo por su decisión". Y Él continuó. Usted puede perder a su mejor amigo en la vida pero debe levantarse y seguir. Jesús pasó la prueba.

Pablo fue responsable por la muerte de muchos seguidores de Cristo. Pablo buscó apasionadamente acabar con el mensaje de Cristo y con todos los que lo creían, antes de convertirse el mismo en creyente. Pero Dios tocó a Pablo y lo llamó a ser misionero, y en respuesta a ese llamado Pablo se convirtió en la más grande fuerza del Evangelio de Cristo en la historia. Pablo pasó la prueba.

Pedro negó a Jesús. Aunque prometió temerariamente que no lo haría, cuando llegó la prueba Pedro cedió ante el temor y negó conocer a Jesús. Jesús restauró a Pedro tras su resurrección, y jamás volvió a negar a su Señor. Pedro proclamó audazmente a Cristo desde entonces y hasta el final de su vida, hasta morir por su fe en Cristo. Pedro pasó la prueba.

Juan fue desterrado a la isla de Patmos. Juan, el último de los doce apóstoles originales de Jesús, fue desterrado a Patmos por el emperador romano por su fe y testimonio de Cristo. Juan recibió una serie de visiones divinamente inspiradas que se convirtieron en el Apocalipsis, mientras adoraba allí en el Día del Señor. Juan pasó la prueba.

Las pruebas acreditan la fe. Pablo dice que somos merecedores del Reino por medio de la persecución, la perseverancia, los sufrimientos y las pruebas. De modo que luche en las pruebas y dele a Dios una razón para que haga gala de usted. No crea en Dios por lo que hace por usted, ni tampoco rebaje a Dios por lo que no hizo por usted. Crea en Dios por quién es Él para usted.

Pelear la buena batalla

El apóstol Pablo animó a Timoteo con estas palabras, en su primera carta a este joven:

> *Tú, en cambio, hombre de Dios, huye de todo eso, y esmérate en seguir la justicia, la piedad, la fe, el amor, la constancia y la humildad. Pelea la buena batalla de la fe; haz tuya la vida eterna, a la que fuiste llamado y por la cual hiciste aquella admirable declaración de fe delante de muchos testigos* (1 Timoteo 6:11-12).

Tal como vimos anteriormente, nuestra lucha no es una pelea contra el diablo; nuestra lucha es por la fe. El diablo pelea por otra cosa. Él ataca nuestro sistema de creencias. Satanás gana si puede hacer que dejemos de creer, de confiar en Dios. Él destruirá su vida si usted le permite manipular su sistema de creencias. Es por eso que Pablo dice: *"Pelea la buena batalla de la fe"*. Dice en Romanos 10:17: *"Así que la fe viene como resultado de oír el mensaje, y el mensaje que se oye es la palabra de Cristo"* La verdadera pelea está en la fe.

El deseo de vivir la vida de la fe garantiza que vendrán las pruebas y los sufrimientos. La fe del Reino es pública y privada. Privada en el sentido que para cada uno de nosotros involucra nuestra relación personal de amor con Dios. Pública en el sentido de que confesamos públicamente nuestra fe ante los demás y "queda constancia" de que somos creyentes. Pablo animó a Timoteo "haz tuya la vida eterna, a la que fuiste llamado y por la cual *hiciste aquella admirable declaración de fe delante de muchos testigos"*. Quedó constancia de la fe de Timoteo en Cristo. Como hombre de fe, estaba siempre en la jugada, y sin duda su fe iba a ser puesta a prueba.

Nos colocamos en una posición para aceptar las pruebas cada vez que hacemos una confesión pública de nuestra fe. Dios va a permitir que se pruebe nuestra confesión para que nosotros mismos, así como el resto del mundo, conozca la autenticidad de nuestra fe. Si usted confiesa lo bueno que ha sido Dios con su negocio, prepárese para la prueba que vendrá con relación a su negocio. Podrá venir algún desafío, algún revés, algún contratiempo y Dios le anima: "Sigue creyendo. No te rindas sólo porque las cosas se ponen un poco difíciles. Confía en mí cuando las cosas salen bien. Confía ahora en mí durante las dificultades. Mantente firme en la confesión pública que hiciste".

Usted cree y testifica que Dios proveerá todas sus necesidades. ¿Y qué sucederá si no lo hace y se queda sin dinero? ¿Puede seguir creyendo? ¿Puede aguantar con una cartera desocupada y nunca perder su confianza en la fidelidad y provisión de Dios? ¿Puede usted mirar confiadamente su situación como una oportunidad para ponerse a la altura de las circunstancias de la prueba? ¿Puede prender todavía el fogón, poner una olla vacía y creer que Dios la llenará de alguna manera? Ejercite su fe y todo saldrá bien. Invierta la moneda del Reino y todo estará bien. El Señor lo hará salir adelante. El Dios que servimos no sólo es Dios en las buenas sino también en las malas. De modo que, alístese para la prueba cuando haga una confesión delante de otras personas. *La confesión de la fe atraerá siempre la prueba de esa fe.*

Crea hasta que triunfe

Pablo aprendió de la experiencia de primera mano cómo luchar por su fe. Le declaró a Timoteo, hacia el final de su vida:

> *He peleado la buena batalla, he terminado la carrera, me he mantenido en la fe. Por lo demás me espera la corona de justicia que el Señor, el juez justo, me otorgará en aquel día; y no sólo a mí, sino también a todos los que con amor hayan esperado su venida* (2 Timoteo 4:7-8).

La fe es una pelea y una carrera por terminar con un gran premio —la corona de la justicia— que les espera al final a todos los que pasan la prueba. La carrera consiste en creer hasta el final, y la pelea es creer hasta que se gane. Escúchenme, mis amigos. No se trata de jactarse hoy. La pregunta es, ¿creerá aún dentro de diez años? ¿Puede soportar los desafíos, las pruebas y las dificultades que lo hacen merecedor del Reino de Dios y aún así mantener una actitud positiva?

Un ciudadano que se la pasa quejándose es un ciudadano inmaduro. La madurez significa estar dispuesto a aceptar lo malo junto con lo bueno, sabiendo que lo malo puede fortalecernos y hacernos mejores. El dicho popular: "quien quiera azul celeste, que le cueste" sin duda es cierto para el Reino de Dios. De igual manera es la frase: "no hay corona sin pruebas". Esto no quiere decir que debemos pasar por todas las pruebas para ir al Cielo. La palabra *corona* tiene que ver con recompensas, no con la salvación. Nuestra aptitud para trabajar y gobernar en el Reino de Dios como sus cogobernantes se determina en gran medida por la purificación de nuestra fe y por las pruebas que aguanta. *Este es un principio del Reino: cuanto más venza las pruebas, más gobernará. La perseverancia ante la presión lo prepara para la promoción.*

Todos, como creyentes, somos reyes y reinas destinadas a ejercer dominio sobre la tierra, pero para poder llevar nuestra corona debemos pasar por unas épocas de pruebas. De modo que, siempre que afronte las pruebas recuérdese así mismo: "¡Estoy trabajando para mi corona!". *Estoy expandiendo la soberanía de mi dominio.* Manténgase firme y el mismo Rey colocará esa corona en su cabeza como un premio por su fidelidad. Una *recompensa* es lo que uno recibe cuando hace algo; un *premio* es lo que uno recibe cuando termina algo. Participe en la carrera, termine el recorrido, pelee la buena batalla y jamás se rinda, y ganará la corona de la justicia.

Aprenda a recibir bien las circunstancias difíciles como si fueran amigos queridos que llegan para hacerlo mejor y para prepararlo para recibir su premio. Santiago, al igual que Pedro, nos dijo que miráramos las pruebas de esta forma:

> *¡Alabado sea Dios, Padre de nuestro Señor Jesucristo! Por su gran misericordia, nos ha hecho nacer de nuevo mediante la resurrección de Jesucristo, para que tengamos una esperanza viva y recibamos una herencia indestructible, incontaminada e inmarchitable. Tal herencia está reservada en el cielo para ustedes, a quienes el poder de Dios protege mediante la fe hasta que llegue la salvación que se ha de revelar en los últimos tiempos. Esto es para ustedes motivo de gran alegría, a pesar de que hasta ahora han tenido que sufrir diversas pruebas por un tiempo. El oro, aunque perecedero, se acrisola al fuego. Así también la fe de ustedes, que vale mucho más que el oro, al ser acrisolada por las pruebas demostrará que es digna de aprobación, gloria y honor cuando Jesucristo se revele* (1 Pedro 1:3-7).

Nuestra fe se purifica mediante las pruebas que soportamos. Estas queman la escoria—los pensamientos, las ideas y las creencias falsas, insignificantes y equivocadas que se pegan con tanta facilidad a nuestra fe en el curso diario de la vida—. Hay algo en las pruebas que aclara nuestra visión de modo que podamos ver lo que es realmente importante en la vida. Nos ayudan a reorientar nuestras prioridades. Nos ayudan a recordar que las cosas son sólo cosas y que en todo caso nunca perduran. Lo que es del Cielo es lo único que durará, y allí es donde debemos enfocarnos.

Las pruebas son normales para la humanidad. Todos tenemos que afrontarlas y no podemos escaparnos de ellas, de modo que lo mejor que podemos hacer es dejarlas jugar a nuestro favor para que desarrollen en nosotros el carácter y la madurez. Tenemos que pelear la buena batalla de la fe. Debemos luchar hasta el final. Debemos vencer toda circunstancia. Nos espera nuestra recompensa pero debemos trabajar para ganárnosla. Debemos soportar las pruebas. Llegará la victoria, pero por lo general no es inmediata. Una respuesta demorada aún es una respuesta; una victoria demorada es aún una victoria.

Esto es lo que Jesús hizo ver en su historia sobre la viuda y juez injusto.

> *Jesús les contó a sus discípulos una parábola para mostrarles que debían orar siempre, sin desanimarse. Les dijo: «Había en cierto pueblo un juez que no tenía temor de Dios ni consideración de nadie. En el mismo pueblo había una viuda que insistía en pedirle: "Hágame usted justicia contra mi adversario." Durante algún tiempo él se negó, pero por fin concluyó: "Aunque no temo a Dios ni tengo consideración de nadie, como esta viuda no deja de molestarme, voy a tener que hacerle justicia, no sea que con sus visitas me haga la vida imposible." »*
>
> *Continuó el Señor: «Tengan en cuenta lo que dijo el juez injusto. ¿Acaso Dios no hará justicia a sus escogidos, que claman a él día y noche? ¿Se tardará mucho en responderles? Les digo que sí les hará justicia, y sin demora. No obstante, cuando venga el Hijo del hombre, ¿encontrará fe en la tierra?»* (Lucas 18:1-8).

¿Alguna vez ha sentido como si Dios se demorara mucho en responder? Yo sí. Pero con los años he aprendido a confiar en que cuando Dios demora su respuesta se debe a que Él espera el momento preciso para darnos algo mejor de lo que pedimos. Todos conocemos la sensación de anhelo y frustración que llega al saber que lo que deseamos y vemos está fuera de nuestro alcance. Oramos y nos preguntamos por qué no se a alivia la presión. Luego nos encontramos preguntando: "¿Señor, por qué se demora tanto para llevar esto a cabo?". Aquí es cuando debemos recordar que trabajamos para Él; que Él es quién controla y que Él sabe exactamente qué está ocurriendo. Él no va a dilatar para siempre, y cuando llegue su respuesta entenderemos que vino en el momento preciso y de la forma correcta para hacernos madurar y glorificar su nombre.

Muchos creyentes buscan siempre la "superación personal". Se deprimen y van a "conferencias de superación". Quieren curar un problema en su vida y comienzan a leer libros de superación. Pero la mayoría de las veces nuestra superación llega como resultado de una fe firme, persistente y perseverante que amilana las pruebas y el sufrimiento de la vida a media que van llegando. Nuestra fe y madurez crecen todo el tiempo hasta que un día nos damos cuenta de repente que la superación que buscamos tan apasionadamente hace mucho tiempo llegó gradualmente que ni siquiera lo notamos.

Si Dios parece estar demorando algo en su vida, no se preocupe al respecto; únicamente no deje de confiar en Él. Dios puede tratar de perfeccionar su fe haciendo esperar lo suficiente lo que usted desea para que madure en esa área. Luego, cuando él vea en usted la fe y la madurez que Él busca, dirá: "Vale la pena; ahora puede tenerlo".

Las pruebas y los sufrimientos forman parte de la vida diaria de un ciudadano del Reino. Cualquiera que enseñe o crea lo contrario contradice la Palabra de Dios. Pero en fin, es sorprendente ver cómo tantas personas abandonan la Iglesia o abandonan la fe porque fueron enseñadas que los hijos de Dios jamás tienen pruebas—nunca se arruinan, nunca se enferman, la vida es fácil y libre de problemas—, y encuentran que la realidad diaria es muy diferente. Es una mentira creer en el mensaje de una vida sin problemas para los cristianos. La fe del Reino no es una fe que se escapa a las pruebas, sino una fe que se desarrolla con ellas, las resiste y las supera. La fe del Reino es una fe que se acrisola, porque la única forma de construir y fortalecer la verdadera fe es por medio de las pruebas.

Las pruebas que sobrellevamos son las que nos hacen merecedores del Reino de Dios. Lucas 18:8 promete que Dios hará que se nos haga justicia y sin demora. Sin demora no significa necesariamente hoy ni mañana por la mañana. *Sin demora* significa cuando sea el momento oportuno. El verdadero progreso es cuando llega la hora fijada por Dios y ni siquiera la esperábamos. Le rogamos a Dios por seis semanas o seis meses o seis años, y luego, de repente, Dios lo lleva a cabo en pocos minutos. Esa es la forma en que obra Dios. Su momento preciso no siempre es el nuestro, y nunca llega tarde.

La pregunta de Jesús es importante para nosotros hoy en día: "*cuando venga el Hijo del hombre, ¿encontrará fe en la tierra?*". Él busca fe. No busca una casa grande ni un automóvil lujoso ni mucho dinero en el banco, sino fe. No busca personas que siempre andan tras milagros, señales y prodigios sino personas de fe.

Vale la pena pelear la batalla y tomar parte en la carrera, porque la recompensa final es enorme. Así como nos dice el autor de Hebreos:

> Por tanto, también nosotros, que estamos rodeados de una multitud tan grande de testigos, despojémonos del lastre que nos estorba, en especial del pecado que nos asedia, y corramos con perseverancia la carrera que tenemos por delante. Fijemos la mirada en Jesús, el iniciador y perfeccionador de nuestra fe, quien por el

gozo que le esperaba, soportó la cruz, menospreciando la vergüenza que ella significaba, y ahora está sentado a la derecha del trono de Dios. Así, pues, consideren a aquel que perseveró frente a tanta oposición por parte de los pecadores, para que no se cansen ni pierdan el ánimo (Hebreos 12:1-3).

La victoria está en el aire. El triunfo se acerca. La fe del R(es la fe puesta a prueba. Así que participe en la carrera; termin recorrido; pelee la buena batalla de la fe. Y recuerde, la carrer; creer hasta el final, y la pelea es creer hasta que triunfe.

Los principios del Reino

La clave para vivir de manera eficaz es la capacidad y la aptitud para manejar lo previsto y lo inesperado.

El éxito se mide por su aptitud para mantener la ecuanimidad en las épocas de confusión.

La madurez se mide mediante la aptitud para responder eficazmente ante la tragedia y el caos.

Nuestra fe se purifica mediante las pruebas.

La confesión de la fe atraerá siempre la prueba de esa fe.

Cuanto más venza las pruebas, más gobernará. La perseverancia ante la presión lo prepara para la promoción.

Nota al final

1. Ver http://www.corrietenboom.com/history.htm.

CAPÍTULO 4

Las diez cualidades de la fe en el Reino de Dios

"La fe es el pájaro que siente el despuntar el alba y canta aunque todavía no ha amanecido". — Dicho escandinavo

El Reino del Cielo, como cualquier otro país, funciona bajo ciertas leyes. La ley de la fe es el punto clave aquí. El Reino de Dios funciona por la fe, y sin la fe nada funciona en el Reino. Ya vimos que la fe es la cultura y el estilo de vida del Reino; también es la moneda de la economía del Reino. La vida exitosa del Reino consiste en vivir por fe y no por la vista, en confiar plenamente en Dios en lugar de confiar en nuestra sabiduría.

El hombre fue creado para vivir por la fe. Génesis 1:26 dice que Dios creó al hombre a su imagen y semejanza. Imagen significa naturaleza o carácter. El hombre fue creado para ser como Dios en carácter y naturaleza. También fue creado a su semejanza. Semejanza no tiene que ver tanto con la apariencia como con la función. Ser creado a la imagen de Dios significa que el hombre fue creado para funcionar como Dios. Y Dios funciona por la fe porque Él es un Dios de fe. De modo que se supone que debemos funcionar también por la fe.

Adán y Eva vivieron en el comienzo por lo que creyeron, no por lo que vieron. Esto cambió cuando desobedecieron a Dios y comieron el fruto del árbol prohibido del conocimiento del bien y del mal. Sus ojos se abrieron a la naturaleza del mal, pero disminuyó la capacidad de su fe. La fe ya no era algo natural para ellos y cada generación sucesiva de la humanidad ha heredado esa capacidad disminuida. La fe del Reino no es natural para nosotros. No podemos lograr la fe del Reino, apartados del Espíritu de Dios que obra en nuestra vida, y sin la fe del Reino, jamás podremos ver el Reino de Dios. Hebreos 11:6 dice: *"En realidad, sin fe es imposible agradar a Dios, ya que cualquiera que se acerca a Dios tiene que creer que él existe y que recompensa a quienes lo buscan"*.

Terminamos siendo disfuncionales siempre que intentamos desempeñarnos en un entorno o una manera diferente a la cual fuimos creados. Aún en algunos casos nos matará. Por ejemplo, uno muere si intenta funcionar debajo del agua por mucho tiempo sin ningún tipo de respirador. Los peces fueron concebidos para vivir en el agua; nosotros no. Fuimos creados para vivir en un ambiente de fe, y fuera de ese ambiente no podemos desempeñarnos adecuadamente.

Tal como leyó anteriormente, la ausencia de fe crea un vacío que se llena rápidamente con temor y duda. El temor y la duda llevan a la preocupación, lo cual es la antítesis de la fe. No hay nada en nuestro cuerpo que haya sido diseñado para manejar la preocupación. De hecho, la investigación científica demuestra que la preocupación activa las enzimas que causan que se estrangulen nuestras arterias y venas de modo que se restringe el flujo sanguíneo que produce dolor de cabeza, infarto, derrame cerebral y otras enfermedades cardiovasculares. Así que si alguna vez dice: "Me muero de la preocupación", no está exagerando. Dios nos hizo para que funcionáramos por fe, lo que significa que si uno no anda por fe está siendo autodestructivo. Sin fe, usted contribuye a tener más preocupación, más ansiedad y más depresión mental, y todo esto con el tiempo sabotea su vida. Usted fue concebido para vivir por fe.

La fe reemplaza la preocupación. Nos da acceso a las mismas cosas que nos preocupa no tener: provisión para nuestras necesidades diarias y la esperanza optimista para el futuro. Este fue el argumento de Jesús cuando dijo:

> *Así que no se preocupen diciendo: "¿Qué comeremos?" o "¿Qué beberemos?" o "¿Con qué nos vestiremos?" Porque los paganos andan tras todas estas cosas, y el Padre celestial sabe que ustedes las necesitan. Más bien, busquen primeramente el reino de Dios y su justicia, y todas estas cosas les serán añadidas* (Mateo 6:31-33).

Dicho de otro modo, Jesús dice: "No te preocupes por las necesidades diarias de la vida. El Rey, tu Padre celestial, se encargará de ellas. Más bien preocúpate por las cosas del Reino de Dios. Para eso fuiste creado".

Vivir por fe

Vivir por fe significa vivir no por lo que le muestran sus ojos sino por lo que su mente, corazón y espíritu saben que es verdad. Es como lo que leímos anteriormente: *"la garantía de lo que se espera, la certeza de lo que no se ve"* (Hebreos 11:1). La fe del Reino es un estilo de vida de justicia que se basa en la naturaleza y el carácter de Dios. La justicia significa gozar de buena reputación delante de Dios y en conformidad total con los principios y las leyes de su gobierno. De principio a fin se nos imparte justicia por medio de la fe: *"De hecho, en el evangelio se revela la justicia que proviene de Dios, la cual es por fe de principio a fin, tal como está escrito: «El justo vivirá por la fe.»"* (Romanos 1:17).

Debemos creer que gozamos de buena reputación delante de Dios. Debemos simplemente aceptar lo que Dios dice en su palabra porque no tenemos una "prueba" física. Si Él dice: "Tus pecados te son perdonados por la sangre de Jesús", tenemos que creerle. Y cuando lo hacemos, nuestro corazón se llena de una confianza y un sentido de bienestar que no se puede explicar aparte de la obra del Espíritu de Dios. Dios imparte su justicia en nosotros en el momento en que reconocemos inicialmente a Jesucristo como nuestro Salvador y Señor, y esto se vuelve un hecho consumado. Vivimos por fe y disfrutamos de la justicia por fe, desde entonces y por el resto de la vida hasta la eternidad.

La fe del Reino, como lo mencioné en el Capítulo Uno, significa estar dispuesto a vivir con las incertidumbres y las incógnitas—los misterios de la vida—. Pablo dijo: *"Vivimos por fe, no por vista"* (2 Corintios 5:7). Es riesgoso jugarnos la vida en lo que vemos porque a menudo lo que vemos no es la visión de conjunto. Las apariencias pueden ser engañosas a menos que veamos nuestra situación desde la perspectiva del Cielo. Nuestros ojos físicos pueden jugarnos una mala pasada, y es por eso que debemos mirar las cosas con los ojos espirituales de la fe. Vivir por la vista ata nuestra vida a los caprichos del destino y las circunstancias, lo cual puede cambiar con el viento. Ese tipo de vida no tiene estabilidad. Vivir por fe, por otro lado, aferra su vida a la verdad inalterable de Dios, un fundamento que nunca tambaleará.

Un tema común a lo largo de las Escrituras es la fe como la clave para la vida. Génesis 15:6 dice: *"Abram creyó al Señor, y el Señor lo reconoció a él como justo"*. El pueblo israelita se rehusó a obedecer el mandato de Dios de cruzar el Río Jordán y a tomar la tierra de Canaán que les había prometido después de experimentar la liberación milagrosa de la esclavitud en Egipto y la provisión de comida y agua en el desierto. En lugar de depositar su fe en Dios, decidieron creer en lo que vieron: un enemigo que parecía muy poderoso de vencer. Como consecuencia de su falta de fe, Dios los condenó a deambular por el desierto durante cuarenta años hasta que murió toda esa generación rebelde. El Antiguo Testamento hace público una y otra vez el llamado a creer, a confiar y a obedecer al Señor. David escribió: *"Éstos confían en sus carros de guerra, aquéllos confían en sus corceles, pero nosotros confiamos en el nombre del Señor nuestro Dios"* (Salmos 20:7).

El mismo énfasis se encuentra en el Nuevo Testamento. Jesús dijo: *"Para el que cree, todo es posible"* (Marcos 9:23b). La importancia de vivir por la fe fue un tema constante en las cartas de Pablo a las iglesias: *"De hecho, en el evangelio se revela la justicia que proviene de Dios, la cual es por fe de principio a fin, tal como está escrito: «El justo vivirá por la fe.»"* (Romanos 1:17). *"Vivimos por fe, no por vista"* (2 Corintios 5:7). *"Ahora bien, es evidente que por la ley nadie es justificado delante de Dios, porque «el justo vivirá por la fe». La ley no se basa en la fe; por el contrario, «quien practique estas cosas vivirá por ellas»"* (Gálatas 3:11-12).

El justo vivirá por la fe. No por las circunstancias, ni las bendiciones, ni las profecías, ni los milagros, ni las curaciones, ni ninguna otra *cosa*—sino sólo por la fe—. No permita que nada ni nadie se convierta en la fuente de su fe; porque si lo hace, cada vez que ellos fallen (y ellos lo harán), su fe también fallará. De modo que no deje que lo que pase en su vida afecte su fe en Dios. Se supone que usted debe vivir por la fe, si es un ciudadano justo del Reino. Esto quiere decir no echarse atrás ni rendirse sólo porque se presenta un poco de presión o de dificultad. Los "tímidos" en la fe no agradan al Señor: *"«Pero mi justo vivirá por la fe. Y si se vuelve atrás, no será de mi agrado». Pero nosotros no somos de los que se vuelven atrás y acaban por perderse, sino de los que tienen fe y preservan su vida"* (Hebreos 10:38-39).

La fe es la característica particular del Reino de Dios y de sus ciudadanos, y nos debe hacer destacar de entre todas las demás personas de la tierra. Dios no quiere hijos que se acobardan ante la dificultad o el desafío. Él quiere hijos que resisten en medio de la tormenta, que manejan todos los terremotos y salen ilesos del fuego sin oler a humo, diciendo: "¡Lo logré! ¿Por qué? ¡Porque mi Dios es un Dios maravilloso!". La fe que falla cuando llega la dificultad no es fe realmente. La verdadera fe—la fe del Reino—, cree a pesar de la dificultad. No se acobarda ante la crisis o el reto. No se rinde ante la persecución ni flaquea ante la presión. La fe del Reino vence ante las pruebas y tribulaciones. Los que tienen una fe que fracasa corren peligro de ser destruidos. La fe es nuestra protección contra la destrucción.

Oral Roberts, quien fue presidente de la Universidad Oral Roberts (ORU), dijo hace unos años algo en la capilla cuando yo era un estudiante allí y que jamás he olvidado. "Estudiantes, recuerden esto —dijo— mantengan siempre la paz. ¿Y cómo mantienen la paz? Esperen lo mejor y prepárense para lo peor". *Esperar lo mejor y prepararse para lo peor*. La única manera de prepararse para lo peor es por medio de la fe porque sólo la fe nos hace superar los momentos difíciles. ¡Necesitamos también, desde luego, una actitud positiva! Debemos esperar que Dios haga cosas grandiosas y que nos bendiga, pero también debemos estar preparados para estar firmes ante cualquier tormenta que pueda llegar. La fe nos sostiene durante las tormentas.

Jesús le dijo a Simón Pedro la noche que fue traicionado: *"Simón, Simón, mira que Satanás ha pedido zarandearlos a ustedes como si fueran trigo. Pero yo he orado por ti, para que no falle tu fe. Y tú, cuando te hayas vuelto a mí, fortalece a tus hermanos"* (Lucas 22:31-32). Pedro negaría a su Señor tres veces, a las pocas horas, aún después de jurar que no lo haría. Pedro falló esa prueba en particular, pero su fe sobrevivió. Su fracaso se debió a que confió demasiado en su propia fortaleza Pedro jamás volvió a cometer ese error hasta donde sabemos de parte de las Escrituras. Aprendió a anclar su fe en Dios y no en su propia capacidad. Jesús oró por la fe de Pedro. Esta oración sería lo único que le ayudaría a Pedro hasta el final.

Vivir por fe significa no confiar en las personas ni en los programas sino solamente en Dios. También significa mirar más allá de lo que está a la vista, a la verdad espiritual, que por lo general no es visible a los ojos físicos. Tomás no estaba con los discípulos cuando Jesús se les apareció por primera vez, después de su resurrección. Cuando los demás le contaron al respecto, Tomás insistió que no creería a menos que lo viera con sus propios ojos. Se le presentó la oportunidad una semana después.

> *Una semana más tarde estaban los discípulos de nuevo en la casa, y Tomás estaba con ellos. Aunque las puertas estaban cerradas, Jesús entró y, poniéndose en medio de ellos, los saludó. —¡La paz sea con ustedes! Luego le dijo a Tomás: —Pon tu dedo aquí y mira mis manos. Acerca tu mano y métela en mi costado. Y no seas incrédulo, sino hombre de fe.*

> *—¡Señor mío y Dios mío! —exclamó Tomás.*

> *—Porque me has visto, has creído —le dijo Jesús—; dichosos los que no han visto y sin embargo creen* (Juan 20:26-29).

¿Cuántos de nosotros somos como Tomás y decimos algo como: "hasta que no vea el milagro, no creo en Dios"? Jesús nos dice, como le dijo a Tomás: *"Deja de dudar y cree"*. No cimente su fe sobre lo que Dios le muestra; ciméntela en Dios, punto. Esta es la fe del Reino.

Diez cualidades esenciales de la fe del Reino

A modo de revisión, quiero discutir brevemente diez cualidades esenciales que caracterizan a la fe del Reino, ilustrándolas con percepciones de Job, del Libro de los Hechos y de Simón Pedro.

1. La fe del Reino es firme e imperturbable en las tormentas

Job podría ser llamado el "niño de mostrar" por la presión a la que fue sometida su fe. Dios permitió que Satanás probara la fe de Job y lo despojara de todo lo que tenía cuando Satanás lo acusó de confiar en Dios por razones egoístas. Job perdió su familia, su riqueza y su salud, pero jamás perdió su fe en Dios. Quiso cuestionar a Dios sobre la razón de su sufrimiento, pero jamás le dio la espalda. Job mantuvo su fe, así como su inocencia, aún cuando sus tres amigos le insistieron que confesara sus pecados al asumir que sus problemas eran la prueba del juicio de Dios contra él:

> *Juro por Dios, el Todopoderoso, quien se niega a hacerme justicia, quien me ha amargado el ánimo, que mientras haya vida en mí y aliento divino en mi nariz, mis labios no pronunciarán maldad alguna, ni mi lengua proferirá mentiras. Jamás podré admitir que ustedes tengan la razón; mientras viva, insistiré en mi integridad. Insistiré en mi inocencia; no cederé. Mientras viva, no me remorderá la conciencia* (Job 27:2-6)

Job no entendió por qué sufría ni por qué Dios lo permitió, pero en medio de la tormenta continuó creyendo y continuó viviendo de la manera que siempre lo hizo, con veracidad, integridad, fidelidad, moralidad y con la conciencia tranquila. Job soportó este período de prueba sin vacilar porque su fe estaba aferrada al Dios vivo. Job confió en Dios como el Señor tanto en las buenas como en las malas. De hecho, Job contestó: *"...Si de Dios sabemos recibir lo bueno, ¿no sabremos también recibir lo malo?..."* (Job 2:10).

La fe del Reino demuestra sus cimientos en el Dios inalterable al permanecer firme e imperturbable a través de todas las tormentas de la vida, así como la casa que fue construida sobre la roca que resiste el viento y la lluvia (ver Mateo 7:24-25).

2. La fe del Reino confía en el conocimiento omnisciente de Dios y no en nuestro conocimiento limitado

La misma existencia de lo que llamamos "los misterios de la vida" demuestra que nuestro conocimiento es limitado. Aún así, hablamos y actuamos con mucha frecuencia como si lo supiéramos todo. Tendemos a considerar cualquier cosa que vemos con nuestros ojos o percibimos con nuestra mente como si fuera la verdad plena del asunto, sea cual fuere la circunstancia. La fe del Reino acepta con humildad la realidad de nuestro conocimiento limitado y deja confiadamente el resto en las manos de Dios. Esto es algo que Job necesitaba que se lo recordaran, pues así como muchos de nosotros se enredó en su dolor y pensó que sabía más que Dios sobre la situación. El Señor lo reorientó rápidamente:

> *El Señor le respondió a Job desde la tempestad. Le dijo: «¿Quién es éste, que oscurece mi consejo con palabras carentes de sentido? Prepárate a hacerme frente; yo te cuestionaré, y tú me responderás. ¿Dónde estabas cuando puse las bases de la tierra? ¡Dímelo, si de veras sabes tanto! ¡Seguramente sabes quién estableció sus dimensiones y quién tendió sobre ella la cinta de medir! ¿Sobre qué están puestos sus cimientos, o quién puso su piedra angular mientras cantaban a coro las estrellas matutinas y todos los ángeles gritaban de alegría?»* (Job 38:1-7).

> *El Señor dijo también a Job: « ¿Corregirá al Todopo-*
> *deroso quien contra él contiende? ¡Que le responda a*
> *Dios quien se atreve a acusarlo!»* (Job 40:1-2).

¿Quién entre nosotros puede contestar tales preguntas? Job no pudo ni tampoco nosotros. Ahí está la gracia. Dios sabe infinitamente más de lo que cualquiera de nosotros jamás llegue a conocer. Y Él no está obligado a dar explicaciones de sí mismo ni de sus acciones a ninguno de nosotros. Después de todo, ¿quién le debe rendir cuentas a quién? Somos responsables ante Dios, y no al revés. Aceptamos nuestro conocimiento limitado con la fe del Reino y nos conformamos con vivir con los misterios de la vida, confiando lo desconocido al conocimiento omnisciente, al poder omnipresente y al plan perfecto de Dios.

3. La fe del Reino está más allá de nuestro entendimiento

Hay algunas cosas que están y siempre estarán más allá de nuestro entendimiento, debido a nuestro conocimiento limitado. Nuestro orgullo humano se resiste a aceptar este hecho, lo cual a veces da motivo para decir y hacer algunas tonterías. Algunos creen que el hombre es la medida de todas las cosas y, por tanto, nada está más allá de su entendimiento y capacidad. Nuestros avances intelectuales, científicos y tecnológicos aventajan nuestra conciencia moral, lo cual nos lleva con frecuencia a hacer algo porque lo *podemos* hacer, sin tratar lo suficiente con la pregunta moral de "si debemos o no *hacerlo.*" La investigación sobre las células madre embrionarias y la clonación humana son sólo dos ejemplos. Todos nos podríamos beneficiar de una dosis saludable de la humildad inspirada por la fe de Job cuando seamos confrontados con la imponencia de Dios y su sabiduría y poder infinitos:

Job respondió entonces al Señor. Le dijo: «Yo sé bien que tú lo puedes todo, que no es posible frustrar ninguno de tus planes. "¿Quién es éste —has preguntado—, que sin conocimiento oscurece mi consejo?". Reconozco que he hablado de cosas que no alcanzo a comprender, de cosas demasiado maravillosas que me son desconocidas.» "Ahora escúchame, que voy a hablar —dijiste—; yo te cuestionaré, y tú me responderás." De oídas había oído hablar de ti, pero ahora te veo con mis propios ojos. Por tanto, me retracto de lo que he dicho, y me arrepiento en polvo y ceniza.» (Job 42:1-6).

Job se vio inmediatamente así mismo tal como era cuando vio al Señor con sus propios ojos y respondió a esta revelación con humildad absoluta. El profeta Isaías tuvo una experiencia similar:

El año de la muerte del rey Uzías, vi al Señor excelso y sublime, sentado en un trono; las orlas de su manto llenaban el templo. Por encima de él había serafines, cada uno de los cuales tenía seis alas: con dos de ellas se cubrían el rostro, con dos se cubrían los pies, y con dos volaban. Y se decían el uno al otro: «Santo, santo, santo es el Señor Todopoderoso; toda la tierra está llena de su gloria.» Al sonido de sus voces, se estremecieron los umbrales de las puertas y el templo se llenó de humo. Entonces grité: «¡Ay de mí, que estoy perdido! Soy un hombre de labios impuros y vivo en medio de un pueblo de labios blasfemos, ¡y no obstante mis ojos han visto al Rey, al Señor Todopoderoso!» (Isaías 6:1-5).

La humildad es la única respuesta adecuada a una revelación de Dios en toda su majestuosidad. La fe del Reino reconoce esto y está dispuesta a vivir con el hecho de que hay algunas cosas que jamás entenderemos. Pero Dios las entiende, y esto es suficiente.

4. La fe del Reino es recompensada tras las pruebas

Job se mantuvo firme en su fe y en el conocimiento de su justicia no sólo frente a su sufrimiento sino también ante las acusaciones de sus tres amigos. Elifaz, Bildad y Zofar le atribuyeron los problemas de Job a la desaprobación de Dios hacia él. Como malinterpretaron a Dios, también lo representaron mal. Al final, Dios reivindicó a Job y les pidió cuentas a los tres amigos:

> *Después de haberle dicho todo esto a Job, el Señor se dirigió a Elifaz de Temán y le dijo: «Estoy muy irritado contigo y con tus dos amigos porque, a diferencia de mi siervo Job, lo que ustedes han dicho de mí no es verdad. Tomen ahora siete toros y siete carneros, y vayan con mi siervo Job y ofrezcan un holocausto por ustedes mismos. Mi siervo Job orará por ustedes, y yo atenderé a su oración y no los haré quedar en vergüenza. Y conste que, a diferencia de mi siervo Job, lo que ustedes han dicho de mí no es verdad.» Elifaz de Temán, Bildad de Súah y Zofar de Namat fueron y cumplieron con lo que el Señor les había ordenado, y el Señor atendió a la oración de Job* (Job 42:7-9).

No sólo Job tuvo la razón y sus amigos santurrones estuvieron equivocados, sino que Dios aceptó la intercesión de Job para perdonarlos por representarlo mal y para que aceptara sus sacrificios de arrepentimiento. Como si esto no fuera suficiente, Dios reivindicó a Job aún más:

Después de haber orado Job por sus amigos, el Señor lo hizo prosperar de nuevo y le dio dos veces más de lo que antes tenía. Todos sus hermanos y hermanas, y todos los que antes lo habían conocido, fueron a su casa y celebraron con él un banquete. Lo animaron y lo consolaron por todas las calamidades que el Señor le había enviado, y cada uno de ellos le dio una moneda de plata y un anillo de oro (Job 42:10-11).

Job recibió al final la recompensa de Dios porque su fe se mantuvo firme ante la prueba. Job perdió todo lo que tenía pero Dios le restituyó el doble. Dicho de otro modo, Job fue bendecido antes de la prueba, y doblemente bendecido después de la prueba. La fe del Reino siempre trae recompensas, algunas en esta vida, pero aún más en la vida venidera.

5. El Rey recompensa la fe del Reino

Fíjese también que la recompensa de Job vino directamente de Dios. Una de las funciones del rey en cualquier reino es la de otorgar cosas buenas a su pueblo, especialmente las recompensas por el servicio fiel. En el caso de Job, sus recompensas no sólo muestran la benevolencia y los recursos infinitos de Dios sino también que cuando Dios bendice la fidelidad, jamás usa paños calientes.

El Señor bendijo más los últimos años de Job que los primeros, pues llegó a tener catorce mil ovejas, seis mil camellos, mil yuntas de bueyes y mil asnas. Tuvo también siete hijos y tres hijas... No había en todo el país mujeres tan bellas como las hijas de Job. Su padre les dejó una herencia, lo mismo que a sus hermanos.

*Después de estos sucesos Job vivió ciento cuarenta años.
Llegó a ver a sus hijos, y a los hijos de sus hijos, hasta la
cuarta generación. Disfrutó de una larga vida y murió
en plena ancianidad* (Job 42:12-13; 15-17).

Aquí hay otra razón para permanecer fieles en la tormenta:
si usted se rinde y desmaya en medio de la prueba perderá las
grandes recompensas que se derivan. Considere la esposa de Job.
Durante el inicio de la terrible experiencia de Job, que era justo
después de perderlo todo, escuchó confundido lo que su esposa
le dijo *"... ¡Maldice a Dios y muérete!"* (Job 2:9). Job la reprendió
diciendo: *"Mujer, hablas como una necia. Si de Dios sabemos recibir lo
bueno, ¿no sabremos también recibir lo malo?..."* (Job 2:10). No se escu-
cha nada más de la esposa de Job después de esto. Sólo podemos
asumir que algo le ocurrió. Es muy posible que hubiera abandonado a Job. De ser así, dejó pasar la abundancia de la bendición
que él recibió al final. Job no sólo recibió dos veces más de lo que
tuvo al comienzo; también tuvo siete hijos para reemplazar a los
que murieron. Esto supone que Job también tuvo otra esposa,
una cuya fe estuvo más de acuerdo con la suya que con la de su
primera esposa. Naturalmente, la mayoría de esto es especula-
ción, pero el caso es que la pérdida de la fe le dice adiós a las recompensas posteriores. El Rey recompensa generosamente, pero
Él no recompensa al infiel.

6. El Rey concede y sostiene la fe del Reino

Muchas personas asumen que la fe viene de la mente del hombre
y que es algo que le ofrecemos a Dios de nuestra propia iniciativa.
La fe misma se origina en Dios, aunque el libre albedrío de los seres
humanos juega un papel. Pablo escribió: *"Porque por gracia ustedes han
sido salvados mediante la fe; esto no procede de ustedes, sino que es el regalo de
Dios, no por obras, para que nadie se jacte. Porque somos hechura de Dios,*

creados en Cristo Jesús para buenas obras, las cuales Dios dispuso de antemano a fin de que las pongamos en práctica" (Efesios 2:8-10).

La fe es un regalo de Dios. No podemos tener fe genuina por nuestra propia cuenta debido a nuestra naturaleza pecaminosa que se rebela contra Dios. Jesús dijo: *"Nadie puede venir a mí si no lo atrae el Padre que me envió, y yo lo resucitaré en el día final"* (Juan 6:44). Dios nos atrae a Cristo antes de que escojamos ir a Él, porque la fe es un regalo de Dios.

La fe no sólo se origina en Dios sino que él también la sostiene y la lleva al perfeccionamiento, lo cual es otra cosa que jamás podremos hacer por nuestra cuenta. Es por eso que el autor de Hebreos dijo: *"Fijemos la mirada en Jesús, el iniciador y perfeccionador de nuestra fe, quien por el gozo que le esperaba, soportó la cruz, menospreciando la vergüenza que ella significaba, y ahora está sentado a la derecha del trono de Dios"* (Hebreos 12:2).

El Rey le concede la fe a quienquiera que Él escoja, y sin su regalo nadie podrá jamás llegar a la fe. Nos acercamos a Cristo y depositamos nuestra confianza en Él para tener el perdón de nuestros pecados y una nueva vida en Él, mediante el regalo de Dios de la fe. Él luego sostiene y completa la fe en nosotros, por medio de su Espíritu Santo, para que soportemos todo desafío y pasemos toda prueba. La fe es la obra del Rey, desde el comienzo hasta el final.

7. La fe del Reino es más poderosa que la sangre

Nacemos en una familia nueva, la familia de Dios, con la cual nuestra fe forma un lazo más fuerte que incluso los vínculos de parentesco de nuestra familia terrenal, cuando nos volvemos creyentes y seguidores de Cristo. Jesús hizo ver esto repetidamente como un aspecto principal de su enseñanza:

Si alguno viene a mí y no sacrifica el amor a su padre y a su madre, a su esposa y a sus hijos, a sus hermanos y a sus hermanas, y aun a su propia vida, no puede ser mi discípulo (Lucas 14:26).

El que quiere a su padre o a su madre más que a mí no es digno de mí; el que quiere a su hijo o a su hija más que a mí no es digno de mí (Mateo 10:37).

Mientras Jesús le hablaba a la multitud, se presentaron su madre y sus hermanos. Se quedaron afuera, y deseaban hablar con él. Alguien le dijo: —Tu madre y tus hermanos están afuera y quieren hablar contigo.

—¿Quién es mi madre, y quiénes son mis hermanos? —replicó Jesús. Señalando a sus discípulos, añadió: —Aquí tienen a mi madre y a mis hermanos. Pues mi hermano, mi hermana y mi madre son los que hacen la voluntad de mi Padre que está en el cielo (Mateo 12:46-50).

—Les aseguro —respondió Jesús— que todo el que por mi causa y la del evangelio haya dejado casa, hermanos, hermanas, madre, padre, hijos o terrenos, recibirá cien veces más ahora en este tiempo (casas, hermanos, hermanas, madres, hijos y terrenos, aunque con persecuciones); y en la edad venidera, la vida eterna (Marcos 10:29-30).

La fe del Reino no sólo es más fuerte que los lazos de parentesco de una familia sino también es más fuerte que el temor de derramar nuestra sangre: *"Así, pues, consideren a aquel (Cristo) que perseveró frente a tanta oposición por parte de los pecadores, para que no se cansen ni pierdan el ánimo. En la lucha que ustedes libran contra el pecado, todavía no han tenido que resistir hasta derramar su sangre"*

(Hebreos 12:3-4). La historia está repleta de ejemplos de creyentes que fueron fieles ante todo tipo de prueba y persecución, incluso hasta la muerte. ¿Y usted qué? ¿Cuánto ha sido probada su fe?

8. Las pruebas purifican la fe del Reino

La fe no puede crecer sin ser probada. La fe tiene poco valor hasta que no sea probada en el crisol de la vida. La fe del Reino es más que sólo palabras; se pone de manifiesto así misma en las buenas obras y se demuestra así misma en la resistencia ante las pruebas. *Su fe es tan fuerte como las pruebas que aguanta.* Cualquiera cuya fe consista sólo en palabras y no esté respaldada por un estilo de vida, no tiene fe en absoluto. Este fue el juicio aleccionador de Santiago, el hermano de Jesús, quien escribió:

> *Hermanos míos, ¿de qué le sirve a uno alegar que tiene fe, si no tiene obras? ¿Acaso podrá salvarlo esa fe? Supongamos que un hermano o una hermana no tienen con qué vestirse y carecen del alimento diario, y uno de ustedes les dice: «Que les vaya bien; abríguense y coman hasta saciarse», pero no les da lo necesario para el cuerpo. ¿De qué servirá eso? Así también la fe por sí sola, si no tiene obras, está muerta.*
>
> *Sin embargo, alguien dirá: «Tú tienes fe, y yo tengo obras.» Pues bien, muéstrame tu fe sin las obras, y yo te mostraré la fe por mis obras…Pues como el cuerpo sin el espíritu está muerto, así también la fe sin obras está muerta* (Santiago 2:14-18, 26).

Las personas que poseen la fe del Reino reciben con alegría las pruebas porque logran entender que las pruebas purifican su fe y las ayuda a madurar. Pedro fue uno de los muchos autores del Nuevo Testamento que hizo hincapié en esta verdad:

> *¡Alabado sea Dios, Padre de nuestro Señor Jesucristo! Por su gran misericordia, nos ha hecho nacer de nuevo mediante la resurrección de Jesucristo, para que tengamos una esperanza viva y recibamos una herencia indestructible, incontaminada e inmarchitable. Tal herencia está reservada en el cielo para ustedes, a quienes el poder de Dios protege mediante la fe hasta que llegue la salvación que se ha de revelar en los últimos tiempos. Esto es para ustedes motivo de gran alegría, a pesar de que hasta ahora han tenido que sufrir diversas pruebas por un tiempo. El oro, aunque perecedero, se acrisola al fuego. Así también la fe de ustedes, que vale mucho más que el oro, al ser acrisolada por las pruebas demostrará que es digna de aprobación, gloria y honor cuando Jesucristo se revele. Ustedes lo aman a pesar de no haberlo visto; y aunque no lo ven ahora, creen en él y se alegran con un gozo indescriptible y glorioso, pues están obteniendo la meta de su fe, que es su salvación* (1 Pedro 1:3-9).

La próxima vez que afronte una prueba recuerde que el propósito de Dios es purificar su fe y hacerlo fuerte.

9. *La fe del Reino no le teme a las pruebas*

La mayor parte de las enseñanzas sobre la "fe moderna" no concuerda con los relatos de la fe que encontramos en las Escrituras. La fe del creyente actual del siglo XXI sólo sirve generalmente para recibir y esperar bendiciones y está concebida sólo para sobrevivir en las épocas de prosperidad. Quizás es por esto que muchos se apresuran a culpar al diablo por cualquier forma de molestia y tratan de evitar la parte más importante que es la resistencia.

Sin embargo, los verdaderos ciudadanos del Reino no temen a las pruebas porque reconocen que el propósito de Dios y el valor de estas les sirve para madurar su fe. Ellos aprendieron a experimentar la presencia preciosa del Señor con ellos durante sus pruebas, lo cual les da una perspectiva totalmente diferente sobre la situación que viven—una perspectiva celestial—. Pedro animó a los lectores de su primera carta con estas palabras:

> *Queridos hermanos, no se extrañen del fuego de la prueba que están soportando, como si fuera algo insólito. Al contrario, alégrense de tener parte en los sufrimientos de Cristo, para que también sea inmensa su alegría cuando se revele la gloria de Cristo. Dichosos ustedes si los insultan por causa del nombre de Cristo, porque el glorioso Espíritu de Dios reposa sobre ustedes. Que ninguno tenga que sufrir por asesino, ladrón o delincuente, ni siquiera por entrometido. Pero si alguien sufre por ser cristiano, que no se avergüence, sino que alabe a Dios por llevar el nombre de Cristo* (1 Pedro 4:12-16).

Pablo dice que el fuego de la prueba es común a los creyentes. Esto forma parte de la vida de los ciudadanos del Reino que viven en un mundo pecaminoso y caído. Además, Pedro nos dice que nos *alegremos* de tener parte en los sufrimientos de Cristo. ¿Por qué? Porque cuando tenemos parte en sus sufrimientos también tenemos parte en su gloria y en las posteriores recompensas. Pero... ¿Cómo nos podemos alegrar de los sufrimientos? Esto es imposible desde la perspectiva humana. Únicamente es posible cuando tenemos la perspectiva celestial, vista con los ojos de la fe.

10. *La fe del Reino le confía el futuro a Dios*

A todos nos interesa el futuro. ¿A quién no le gustaría saber que pasará mañana o la próxima semana o el próximo año para prepararnos para eso, —ya sea bueno o malo—? Cada año, muchas personas se gastan millones de dólares consultando a los videntes y adivinos. Muchos leen diariamente sus horóscopos con tanta fidelidad como lo hacen con las noticias de los negocios y los deportes. Los únicos "adivinos" legítimos, desde la perspectiva bíblica, fueron los profetas antiguos de Israel, pero incluso a ellos nunca les mostró Dios todo lo que querían saber. Sólo Dios conoce el futuro a plenitud y lo guarda sabiamente. En su sabiduría, Dios nos revela un poco aquí y un poco allá, con base en aquello que necesiten saber algunas personas en particular que Él decida en ciertos momentos y situaciones.

Las personas con la fe del Reino no se enredan en la locura desaforada de descifrar el futuro. Así como se conforman con vivir entre los misterios de la vida, también se conforman con no saber lo que les espera en el futuro porque dependen del único Dios que conoce el futuro. Entienden que los sufrimientos de esta vida no son nada en comparación con las glorias de la vida venidera en el Reino de Dios. Así soportan con paciencia las adversidades. Creo que esto fue lo que Pedro tuvo en mente cuando escribió: *"Así pues, los que sufren según la voluntad de Dios, entréguense a su fiel Creador y sigan practicando el bien"* (1 Pedro 4:19).

Las personas con la fe del Reino quizás no conocen el futuro pero saben que su futuro está asegurado para la eternidad Confían, por fe, que su futuro está en las manos de Dios, el Rey, porque son ciudadanos de su Reino, un Reino de poder, belleza, gloria y bondad infinitos que permanecerá para siempre.

Los principios del Reino

La fe del Reino es firme e imperturbable en las tormentas.

La fe del Reino confía en el conocimiento omnisciente de Dios y no en nuestro conocimiento limitado.

La fe del Reino está más allá de nuestro entendimiento.

La fe del Reino es recompensada tras las pruebas.

El Rey recompensa la fe del Reino.

El Rey concede y sostiene la fe del Reino.

La fe del Reino es más poderosa que la sangre.

Las pruebas purifican la fe del Reino.

La fe del Reino no le teme a las pruebas.

La fe del Reino le confía el futuro a Dios.

Capítulo 5

Permitámosle a Dios ser Dios

"El temor llamó a la puerta, la fe abrió y afuera no había nadie". — Antiguo Proverbio Inglés

Los ciudadanos del Reino caminan en la fe; no se guían por la vista, pero esto no quiere decir que nuestra fe sea ciega. Todo lo contrario. La fe del Reino no es un salto al vacío sino a un camino iluminado por el resplandor de la luz celestial. *La fe del Reino es un salto seguro hacia el resplandor de la luz de la fidelidad de Dios en su Palabra. La fe del Reino no es una creencia titubeante por casualidad sino una convicción decidida en la credibilidad del Rey y en el gobierno del Cielo. La fe del Reino es la fe en "su" fidelidad.*

Cuando caminamos por fe comenzamos a ver la vida desde una perspectiva celestial que es mucho más extensa y totalizadora que cualquier enfoque del mundo físico. Las circunstancias y las realidades que son invisibles desde un punto de vista puramente humano, se abren a nuestro entendimiento porque la fe del Reino, aunque no se basa en la vista, *se* basa en la *visión.*

Entendemos a través de los ojos de la fe que *todos fuimos creados para cumplir un propósito.* Dios tiene una razón para todo lo que hace o permite, de modo que no es un accidente el hecho de que usted y yo estemos aquí en la tierra. Dios tiene un plan y un propósito para su vida, si usted está vivo y respirando: *"Porque yo sé muy bien los planes que tengo para ustedes —afirma el Señor—, planes de bienestar y no de calamidad, a fin de darles un futuro y una esperanza"* (Jeremías 29:11).

La palabra *esperanza* no se refiere aquí a los deseos o ilusiones humanas sino a una certeza que se basa en la integridad inquebrantable de la promesa de Dios, aún si no es evidente todavía. Podemos confiar nuestro futuro a Dios porque su Palabra es verdadera y porque, a medida que caminamos en la fe, Él nos da una visión relacionada con su propósito para cada uno de nosotros.

Su propósito es que tengamos una visión clara de lo que nos conviene para nuestra vida. Y esta visión se revela por medio de la fe. Muchas personas viven toda su vida moviéndose de un lado para otro y jamás descubren quiénes son ni qué debieron hacer. La vida del Reino significa que yo soy sacado de la oscuridad de lo desconocido hacia la luz de Dios para cumplir su designio: *"Pero ustedes son linaje escogido, real sacerdocio, nación santa, pueblo que pertenece a Dios, para que proclamen las obras maravillosas de aquel que los llamó de las tinieblas a su luz admirable. Ustedes antes ni siquiera eran pueblo, pero ahora son pueblo de Dios; antes no habían recibido misericordia, pero ahora ya la han recibido"* (1 Pedro 2:9-10).

Somos los hijos de la realeza celestial porque somos ciudadanos del Reino y "linaje escogido" de Dios. A los hijos de la realeza terrenal los preparan desde el nacimiento para que sepan que son príncipes y se alisten para lo que deben hacer y practiquen las maneras como se deben comportar—como príncipes y princesas. El Reino de Dios funciona de la misma manera. Él nos da a cada uno la visión de quiénes somos y qué quiere que hagamos, y nos va preparando para la misión de nuestra vida que ha sido diseñada por nuestro Rey y Padre. Cumplir con esa misión es realizar el plan de Dios y nuestro propósito en la vida. La fe del Reino nos ayuda a ver y a entender la visión de nuestro Padre. ¿Qué visión le dio a usted?

Una cosa es cierta; cualquiera que sea su visión: *la autenticidad de ella será probada mediante todo lo que suceda en su vida.* Nadie está exento de las pruebas en la vida, y esto es particularmente cierto para los ciudadanos del Reino. Haber nacido es el único requisito necesario para depender de Dios. En términos generales, las pruebas que afrontamos van a estar relacionadas con la visión que hemos recibido de Dios. De este modo, la forma más segura para evitar las grandes pruebas en nuestra vida es decidir no cumplir con nuestra visión. Dicho de otro modo, decidamos simplemente no ser nosotros mismos y no tendremos demasiados problemas en la vida. Desde luego, también terminaremos con las manos vacías. Pero desde el momento en que conocemos y decidimos luchar por nuestra misión, nos disponemos para recibir las pruebas.

Dejemos de creer la mentira de que las pruebas son una señal de que estamos fuera de la voluntad de Dios. En absoluto. ¡Las pruebas son una señal de que estamos *en* su voluntad! Al diablo no le importa tratar de detener a alguien que en todo caso no va a ningún lado. La autenticidad de nuestra visión va a ser probada. Esto significa que Dios concibió la vida de tal forma que nos prueba para ver si es auténtico lo que declaramos que él nos dijo. Si no deseamos ser probados, hagamos pocas cosas o no hagamos nada. Recordemos: si uno no se propone nada para su vida siempre va a dar vueltas sin llegar a ninguna parte. Pero, ¿qué mérito tiene esto? Cualquiera puede fracasar en la vida. Se requiere tomar una decisión y tener fe para tener éxito. Realizarse como persona en la vida significa entender la visión de Dios, ponerse a la altura de las circunstancias, luchar por este propósito y recibir de buena manera las pruebas que llegan como oportunidades para demostrar que la visión es auténtica.

La prueba no llega para destruirnos sino para probar nuestra visión. Jamás conoceremos quiénes somos en realidad hasta que seamos probados. Dios no permite las pruebas en nuestra vida porque quiera destruirnos. Las permite para que podamos descubrir si realmente confiamos en Dios y cuán a fondo creemos en nuestra misión.

Abraham fue probado precisamente de esta manera. Dios le prometió un hijo a Abraham en su vejez a través de Sara, su esposa estéril. Abraham vio finalmente nacer a Isaac, a través de la mujer con la cual Dios le prometió hacer una enorme nación después de esperar 25 años para el cumplimiento de esta promesa. Luego, Dios probó a Abraham ordenándole que le ofreciera a Isaac en un holocausto. Esto ocurrió cuando Isaac era aún joven, quizás en su adolescencia. Pero Dios nunca tuvo la intención de que Abraham lo realizara. Estaba probando la fe de Abraham. ¿Hasta dónde habría llegado Abraham en su obediencia a Dios? La prueba era para el bien de Abraham; y Dios ya conocía la fe que había en el corazón de Abraham; pero este necesitaba saberlo. Dios detuvo a Abraham y le proporcionó un carnero para el sacrificio, justo antes de que Abraham ofreciera a su hijo. *"No pongas tu mano sobre el muchacho, ni le hagas ningún daño —le dijo el ángel—. Ahora sé que temes a Dios, porque ni siquiera te has negado a darme a tu único hijo"* (Génesis 22:12).

Abraham, siendo ya un hombre con una gran fe, salió de esta terrible experiencia con una fe aún más fuerte, al igual que con un mejor conocimiento de Dios y de la promesa que Él le hizo de aumentar su familia. La visión de Abraham tuvo que ver con una nación que descendería de él y que bendeciría a todas las personas del mundo. Ahora él sabía sin la menor duda que Dios lo haría realidad. La prueba de Abraham comprobó su visión y solidificó su fe.

Nuestra prueba quizás no sea tan fuerte como la de Abraham, pero sea la forma que tome, será igual de significativa en la existencia de nuestra fe y en la demostración de nuestra visión. Si Dios nos da una visión, Él la probará. No nos horroricemos de la prueba; recibámosla de buena gana.

Dios es Dios; no nosotros

¿Cómo nos atrevemos a pensar que sabemos más que Dios? Persistimos en creer que de alguna manera podemos manejar nuestra vida mejor de lo que lo hace Dios, a pesar de todos los errores que cometemos y por mucho que fracasemos. El orgullo yace en el centro de nuestra actitud, el mismo orgullo que hizo que Adán y Eva desobedecieran a Dios en el Huerto del Edén.

Debemos humillarnos y aprender a permitirle a Dios que sea nuestro Dios. Él es Dios; no nosotros. Con el tiempo fracasará cualquier cosa que sea obligada a funcionar de una forma contraria a su diseño. Si tratamos de ser nuestros propios dioses sólo nos agotaremos por la frustración y el fracaso. Aún más que eso, nuestra vida correrá peligro porque Dios no tolerará ningún rival. El único camino apropiado—sin mencionar el más seguro—, es aceptar humildemente nuestra condición, tal como fuimos creados *"…poco menos que un dios…"* (Salmos 8:5), y permitirle a Dios ser Dios. Esto significa que debemos aceptar nuestras limitaciones al mismo tiempo que reconocemos que Dios no tiene ninguna.

Hablamos en el Capítulo 1 sobre cómo conocer nuestras limitaciones, cómo saber por cuáles cosas somos responsables y por cuáles no, y también qué podemos y no podemos hacer. Nos concentramos ahora en la otra cara de la moneda. En primer lugar, *hay cosas que sólo Dios puede hacer.* Sólo Dios puede crear un universo físico de la nada. Lo mejor que podemos hacer es fabricar algo con un material disponible al alcance de la mano. Sólo Dios puede crear vida. Los científicos han tratado de duplicar esto en el laboratorio, reuniendo los "componentes básicos" de la vida y luego tratando de recrear las condiciones que ellos consideran que existieron en la tierra hace millones de años, asumiendo que la vida aparecerá repentinamente. ¡Pero todos han fracasado! Sólo Dios puede cambiarles el corazón, transformando un rebelde científico en un hijo gozoso de Dios. Las terapias pueden ayudar a una persona preocupada a sentirse mejor sobre sí misma, pero ninguna asistencia sicológica puede aliviar el problema central: el orgullo que surge de un corazón pecaminoso. Sólo Dios puede perdonar el pecado. Sólo Él lo puede desarraigar en la fuente—el corazón humano—, y eliminarlo. ¡Hay cosas que sólo Dios puede hacer!

Hay cosas que sólo Dios conoce. Una de las cosas más honestas y liberadoras que le podemos decir a otra persona es: "No sé". Pero nos da mucho miedo admitir nuestra ignorancia. Sentimos mucho miedo de que otros piensen que somos tontos. Tenemos que controlarnos, o por lo menos, convencer a los demás para que crean que lo estamos. Una de las razones por las que hay tanta necedad en el mundo es porque muchas personas, y particularmente los líderes y los presuntos "expertos", dicen cualquier cosa para evitar perjudicar su reputación al ser vistos —o considerados— como ignorantes. Proverbios 1:7 dice: *"El temor del Señor es el principio del conocimiento; los necios desprecian la sabiduría y la disciplina".* Dicho en otros términos, el temor del Señor es el punto de partida del verdadero conocimiento. No conocemos todo, y no podemos conocerlo todo. Una consecuencia importante de "temer" al Señor es reconocer el hecho de que hay algunas cosas que sólo Dios sabe.

Hay algunas cosas que sólo Dios entiende. De ninguna manera podemos comprender todo lo que ocurre en la vida. Algunas cosas simplemente desafían nuestro entendimiento. Esta es una razón por la cual la fe del Reino es tan importante. La fe del Reino nos puede ayudar a tener paz y entera confianza en un mundo que con frecuencia no tiene sentido. Hay veces cuando tenemos que decir: "Sabes, Dios, en realidad no entiendo esto. Pero tú sí, y eso es todo lo que necesito.". ¿Está perplejo o molesto por todas las cosas que no entiende? Rinda su falta de entendimiento a la omnisciencia de Dios. Descanse en la seguridad de que Él tiene todo bajo control, incluyendo las cosas que no tienen sentido para usted.

Hay cosas que sólo Dios puede explicar. Uno de los más grandes obstáculos que afrontan muchos creyentes para crecer y madurar en la fe es su creencia de que se merecen una explicación por todo lo que Dios les permite en su vida. Dios no tiene ninguna obligación de explicarse a sí mismo ni sus acciones a ninguno de nosotros, tal como lo vimos en el Capítulo Cuatro. Nadie ha sido probado tan severamente como Job, y aunque este recurrió repetidamente a Dios, nunca *supo* por qué fue probado. Cuando Dios habló finalmente con Job, lo hizo para desafiar su pretensión de discutir la vida a la altura de Dios. Dios nunca le reveló a Job la razón de sus pruebas, aunque Job vio a Dios como es Él y reconoció su propio atrevimiento y se arrepintió *"en polvo y ceniza"* (Job 42:6). Se alegró al permitirle a Dios ser Dios, lo cual significa aceptar el hecho de que hay algunas cosas que sólo Dios puede explicar, y que Él quizás no siempre decida hacerlo.

El resultado de todo esto es que *debemos conocer nuestros límites.* Debemos aprender a cambiar las cosas que podamos, a aceptar con agrado las cosas que no podemos cambiar y a estar en paz con la armonía que Dios estableció. Todo esto es posible con Dios. De modo que cuando se enfrente a lo que no se puede resolver, a lo desconocido, a lo incomprensible y a lo inexplicable, deposítelo en las manos del Dios de lo imposible.

Concebidos para las pruebas

Al final, la fe es el único medio que tenemos para entender al mundo y encontrar significado en la vida. Algunas cosas resultan imposibles de explicar y exceden nuestra capacidad humana para entenderlas. Todo lo que tenemos para seguir adelante en esas situaciones es la fe, pero esto es todo lo que necesitamos si nuestra fe está en el Dios vivo y en la integridad de su Palabra. La fe crea confianza. *La falta de confianza es un síntoma de la falta de fe.* Podemos caminar por el mundo con confianza cada día si estamos armados de fe, sin importar cómo sean las circunstancias. La fe nos da la convicción segura de que vamos a resultar victoriosos a pesar de las circunstancias presentes. También nos garantiza el éxito en las pruebas que sin duda vamos a afrontar.

Nuestra fe se manifiesta por las pruebas que encuentra. Es decir, las pruebas revelan la naturaleza y la calidad de nuestra fe—y aún si se encuentra o no la fe—. Así como lo dije anteriormente, nuestra fe es tan fuerte como las pruebas que soporta. Es por eso que Dios permite que se pruebe nuestra fe. Él no sólo quiere que sobreviva nuestra fe sino también que prospere, y esto sólo ocurre en un ambiente de pruebas. De hecho, Dios nos *concibió* inicialmente para las pruebas. De modo que las pruebas son buenas para nosotros, siempre y cuando sean del tipo correcto de pruebas. Nos ponemos a prueba una y otra vez a nosotros mismos con las cosas equivocadas y luego nos preguntamos por qué nuestra vida es un desorden. Las pruebas de Dios fueron trazadas para que se adapten a nuestro diseño y por lo tanto sirven para fortalecernos y prepararnos para que las usemos en bien de su Reino.

Si compramos un automóvil que tiene un velocímetro que indica 300 Km/h como la velocidad máxima, el fabricante de ese automóvil certifica que puede alcanzar 300 Km/h. Quizás nunca hayamos manejado tan rápido, y con toda certeza no contribuimos en la calibración del velocímetro. ¿Cómo sabe usted que el automóvil alcanzará esa velocidad? ¿Qué le da derecho al fabricante para hacer esa afirmación?

Las pruebas

Los fabricantes de automóviles tienen lugares especiales de pruebas donde ponen a prueba los modelos y diseños nuevos. Una "pista de pruebas" es como una pista de carreras. Por ejemplo, cuando una compañía diseña un motor nuevo construye un prototipo y luego monta ese prototipo en un automóvil de prueba. Un piloto de pruebas contratado por la compañía lleva este automóvil a la pista y pone a prueba el motor nuevo. Los ingenieros y los directivos de la compañía quieren asegurarse de que el motor responda a los parámetros de diseño. El piloto de pruebas forzará el motor hasta el máximo, digamos 300 Km/h, y lo mantiene allí por un período determinado de tiempo. Lo convierten en chatarra y comienzan de nuevo si el motor "prototipo" no pasa la prueba. Sin embargo, si la pasa—si responde según su diseño—, se da la siguiente orden: "Reproduzcan exactamente este motor; cópienlo al detalle trescientas mil veces". Ahora no ponen a prueba cada motor; reproducen los trescientos mil a su imagen. Luego la compañía puede declarar que cada automóvil con ese motor puede alcanzar 300 Km/h. ¿Por qué? Porque el motor puesto a prueba lo logró, y si lo logra el motor de prueba, entonces cada motor hecho a su imagen y semejanza debe poder también lograrlo.

Jesús le dijo a Pedro, la noche antes de morir: *"Simón, Simón, mira que Satanás ha pedido zarandearlos a ustedes como si fueran trigo. Pero yo he orado por ti, para que no falle tu fe. Y tú, cuando te hayas vuelto a mí, fortalece a tus hermanos"* (Lucas 22:31-32). Pedro estuvo a punto de ser probado, y fue restaurado y fortalecido como nunca antes, tras la pena y el amargo remordimiento por negar a Jesús. Luego, podremos fortalecer a otros cuando pasemos la prueba.

Si atraviesa por un momento difícil, esto es una buena señal de que Dios quiere usarlo como modelo. Pase la prueba. Manténgase firme en medio de las dificultades que afronta porque Dios quiere conformar muchas personas a su imagen. Quizás usted le ruegue a Dios que no lo haga pasar dificultades en la vida, pero quizás Él quiera afianzar su confianza en Él en medio de las dificultades porque sabe que hay algunas personas que lo observarán a usted y necesitan ver que su fe es capaz de manejar todos los inconvenientes y aún salir sonriendo al otro lado. Su fe ante el estrés puede fortalecer y animar *a otros* para que también se mantengan firmes.

Una solución

La clave para tener éxito en las pruebas es la fe sazonada con una dosis saludable de humildad. No hay una forma más rápida de fracasar que mostrar orgulloso para mantenerse firme. Proverbios 16:18 dice: *"Al orgullo le sigue la destrucción; a la altanería, el fracaso".* El apóstol Pablo reitera este peligro con la advertencia que le hace a los creyentes en Corinto: *"Por lo tanto, si alguien piensa que está firme, tenga cuidado de no caer"* (1 Corintios 10:12). Dicho de otro modo, Pablo dijo que si se cree fuerte, ¡tenga cuidado! Si cree que lo tiene todo bajo control, ¡no se descuide! Si tiene tendencia a criticar o juzgar a otros por sus errores y fracasos, ¡no lo haga porque quizás usted sea el próximo! El mismo Señor Jesús dijo: *"Dichosos los compasivos, porque serán tratados con compasión"* (Mateo 5:7). Esta es la ley de la reciprocidad: si quiere ser tratado con compasión cuando fracase, sea compasivo con los demás cuando fracasen. Nadie es perfecto. Nadie es tan fuerte en la fe para ser inmune a la tentación.

Dios sabe esto, y es por eso que nos da una solución, tal como lo explica Pablo: *"Ustedes no han sufrido ninguna tentación que no sea común al género humano. Pero Dios es fiel, y no permitirá que ustedes sean tentados más allá de lo que puedan aguantar. Más bien, cuando llegue la tentación, él les dará también una salida a fin de que puedan resistir"* (1 Corintios 10:13).

¿Cree que sus problemas son fuera de lo común? ¿Cree que nadie más ha vivido lo mismo que usted? ¿Cree que usted es exclusivo? Piénselo de nuevo. Nadie es exclusivo. Ninguno de nosotros puede atribuirse una dificultad única en su género que nadie más haya afrontado antes. Sus tentaciones y las mías son comunes a todas las personas. Ni siquiera Jesús fue inmune. Él pasó 40 días de ayuno en el desierto donde fue tentado por el diablo. Pasó la prueba porque fijó la mirada en el lugar correcto: en su Padre y en la misión que Él le dio. Esto nos debería animar. Jesús sabe cómo es la tentación, porque Él mismo la experimentó. Él entiende lo que sentimos y nos extiende su misericordia. Esto es lo que el autor de la Carta a los Hebreos tuvo en mente cuando escribió:

> *Por lo tanto, ya que en Jesús, el Hijo de Dios, tenemos un gran sumo sacerdote que ha atravesado los cielos, aferrémonos a la fe que profesamos. Porque no tenemos un sumo sacerdote incapaz de compadecerse de nuestras debilidades, sino uno que ha sido tentado en todo de la misma manera que nosotros, aunque sin pecado. Así que acerquémonos confiadamente al trono de la gracia para recibir misericordia y hallar la gracia que nos ayude en el momento que más la necesitemos* (Hebreos 4:14-16).

El Señor Jesús nos puede mantener firmes en las pruebas porque Él entiende las cosas por las que pasamos, de modo que cuando otra persona atraviese por ahí podamos decirle con experiencia: "¡Aguanta! ¡Vas a lograrlo!". Podemos armarnos de valor por el hecho de que el Señor es fiel, aún cuando nosotros no lo seamos. Él puede ayudarnos (y lo hará) aún cuando temamos no poder lograrlo. Las Sagradas Escrituras dicen: *"Los justos claman, y el Señor los oye; los libra de todas sus angustias...Muchas son las angustias del justo, pero el Señor lo librará de todas ellas"* (Salmos 34:17,19).

Dios es muy fiel con sus hijos, de hecho, y no permitirá que seamos tentados más allá de lo que podamos soportar. ¿Quién sabe mejor la resistencia de una máquina que los mismos ingenieros que la construyeron? Si Dios nos creó; ¿quién más que Dios sabe cuánto podemos aguantar? Incluso nosotros no conocemos todo nuestro potencial como lo conoce Dios, debido a nuestra visión y conocimiento limitados. Si afrontamos una prueba que nos parece insuperable, tan sólo recordemos que Dios prometió que no seremos probados más allá de lo que podemos aguantar. En otras palabras, no vendrá ninguna prueba que nos pueda destruir porque Dios no lo permitirá.

Fíjese, sin embargo, que Dios no quitará todas las pruebas y tentaciones de nuestro camino. Para que Él haga esto, tendrá que quitarnos de este mundo. En cambio, Él limita las pruebas según lo que podamos soportar e incluso suministra la "salida" para que podamos "resistir a ellas". En conclusión, cada vez que afronte una prueba es como si Dios dijera: "¡Sé que puedes manejar esta dificultad, así que hazlo!" No se queje ni reclame. Sea valiente y resuelto. Ejercite su fe. ¡Gaste algo de su inversión del Reino, y manténgase firme! Su prueba es una señal de la confianza que Dios tiene en usted. Manténgase firme. Él proveerá la mejor manera de salir de esta situación.

Aunque sabemos que Dios proveerá la solución, podemos perderla si no estamos en sintonía con su Espíritu. A menudo damos por sentado cómo y cuándo nos librará Dios en el momento en que llegue la dificultad. Sin embargo, en la mayoría de los casos Dios obra de maneras inesperadas. Entonces nos confundimos, nos frustramos y nos aterrorizamos, cuando no vemos a Dios obrar de la forma que esperamos, y quizás incluso concluimos que Él nos defraudó.

Una razón para la confusión es que tendemos a enfocarnos en nuestras necesidades mientras que Dios siempre actúa con su conocimiento total de nuestras vidas. Él nos va a librar, pero de una manera preconcebida para que cumpla el propósito completo de Dios y no sólo nuestros intereses limitados. La solución a la prueba de Daniel llegó *a través* del foso de los leones. La solución a la necesidad de Sadrac, Mesac y Abednego llegó *a través* del horno en llamas. Pablo y Silas recibieron una paliza y fueron encarcelados en la prisión filipense antes de ser liberados a través de un terremoto. La liberación llegó en cada uno de estos casos de una forma diferente a lo esperado, pero al final Dios fue glorificado y sus vidas fueron transformadas.

Supongamos que usted tiene un ser querido que se halla muy enfermo. Usted ora constantemente, rogándole a Dios que sane a esta persona. Invita a los ancianos de su iglesia para ungir con aceite a su ser querido y para orar por él o ella. Lleva al enfermo a campañas de sanación para recibir una oración especial y para la imposición de manos. Hace todo lo que puede y le aconsejan, pero aún así muere su ser querido. ¿Y ahora qué? ¿Sigue usted teniendo confianza en Dios? ¿Respondió él sus oraciones o las ignoró?

El conferencista Oral Roberts solía decir que Dios sana de dos maneras: temporal y permanentemente. Él decidió sanar "para siempre" a este ser querido que murió. En este caso llevó a su ser querido a la patria celestial. Dios suministró la solución, pero de una forma diferente a la que usted esperaba. De modo que, cuando sea probado, manténgase firme y busque cuál es la solución que tiene Dios, pero esté preparado a que esta aparezca de una forma inesperada por usted, o que llegue en una dirección no anticipada. ¡Permítale a Dios ser Dios!

Cómo conocer nuestras limitaciones

Otra razón para reconocer abiertamente nuestras limitaciones es entender que Dios actúa de maneras inesperadas. Dios no actúa como actuamos nosotros. Nos frustramos continuamente cuando Dios deja de actuar según nuestro plan e insistimos en que debemos saber todo o ser capaces de hacer cualquier cosa. En realidad, aceptar nuestras limitaciones es una experiencia muy liberadora. Es uno de los elementos claves de *la fe del Reino*. Tal como lo dije en el Capítulo Dos, en la duda, tenga fe; crea aún cuando no sepa qué hacer; confíe cuando nada tenga sentido. Conocer nuestras limitaciones nos libera de muchas maneras. ¿Cómo? Porque la *fe del Reino somete sus limitaciones al Dios ilimitado.* Nuestras limitaciones se vuelven fortalezas en las manos de un Dios ilimitado. El apóstol Pablo declaró que el poder de Dios se perfecciona en nuestra debilidad y luego afirmó: *"Por eso me regocijo en debilidades, insultos, privaciones, persecuciones y dificultades que sufro por Cristo; porque cuando soy débil, entonces soy fuerte"* (2 Corintios 12:10).

El conocer nuestras limitaciones nos obliga a confiar en la fortaleza, sabiduría y poder de Dios en lugar de las nuestras. Pedro pensó que podía respaldar a Cristo con su propias fuerzas, pero experimentó un fracaso humillante cuando el temor por su propia seguridad personal lo condujo a negar a Cristo tres veces. Sin embargo, Pedro se convirtió en una auténtica mole de fe que proclamó audazmente a Cristo ante reyes y emperadores, una vez que reconoció sus debilidades y se las sometió a Dios.

Confíe sus limitaciones al Dios ilimitado. No insista en tratar de conocer todo. Él le enseñará cualquier cosa que necesita saber. No se frustre por las cosas que no puede hacer. Todo lo que necesite hacer—lo que Dios lo llame hacer—, será hecho porque Él lo facultará para cumplirlo. Permítale a Dios ser Dios. Permítale llevarlo consigo mientras Él sepa que usted está listo para obedecerlo.

Nos haría bien considerar de nuevo las palabras de David:

> *Señor, mi corazón no es orgulloso, ni son altivos mis ojos; no busco grandezas desmedidas, ni proezas que excedan a mis fuerzas. Todo lo contrario: he calmado y aquietado mis ansias. Soy como un niño recién amamantado en el regazo de su madre. ¡Mi alma es como un niño recién amamantado!* (Salmos 131:1-2).

Recordemos que estas son las palabras de un rey. David fue el rey más poderoso de su tiempo. Docenas de servidores estuvieron siempre a su disposición. Él podía decidir asuntos de vida o muerte con un gesto de su mano. Nadie le negaba nada de lo que él deseaba. Aún así pudo decir: *"Mi corazón no es orgulloso"*. David se acordó humildemente de dónde vino. Era un pastor cuando Dios lo llamó para ser rey. Jamás se olvidó que en el fondo era un humilde pastor. David pasó a decir más tarde: *"Ni son altivos mis ojos"*. La palabra hebrea para *altivo* puede significar "presuntuoso"; pero también puede significar mirar a alguien por encima del hombro con un aire de superioridad. Ambas actitudes son equivocadas. David no presumió ser más de lo que era. No fue un hombre que se dio aires de importancia ni se consideró mejor que otros sencillamente porque Dios lo escogió para ser rey

Nosotros tampoco debemos ser orgullosos. No tenemos el derecho de despreciar a los demás sólo porque somos ciudadanos del Reino de Dios e hijos de su familia real. La familia del Reino nos ayuda a estar equilibrados, y una parte de ese equilibrio se reconoce al recordar no sólo quiénes somos y dónde estamos—hijos de Dios en su Reino de la luz—, sino también quiénes fuimos en el pasado y de dónde venimos—esclavos del pecado, atados al reino de las tinieblas de Satanás—.

David dijo luego: *"no busco grandezas desmedidas, ni proezas que excedan a mis fuerzas"*. Hay algunas cosas que son demasiado grandes para nosotros, tal como lo vimos anteriormente. Esas son cosas que no logramos entender. Hay algunas cosas que se supone que no deberíamos conocer ahora mismo. Dios tiene sus razones para reservarlas y debemos confiar en Él. Corrie ten Boom cuenta un recuerdo de su infancia en una carta escrita en 1974:

> *"Cuando era niña —les conté—, fui a donde estaba mi padre y le dije: 'Papá, me temo que nunca seré lo suficientemente fuerte como para ser una mártir por Jesucristo'. 'Dime —respondió papá—, cuando viajas en tren a Ámsterdam, ¿cuándo te doy yo el dinero para el pasaje? ¿Tres semanas antes?' 'No papá, me das el dinero para el pasaje poco antes de que vayamos a subir al tren' 'Eso es —dijo mi padre—, y así ocurre con la fuerza de Dios. Nuestro Padre en el Cielo sabe cuándo necesitarás la fuerza para ser una mártir por Jesucristo. Él suplirá todo lo que necesites, justo a tiempo…."*[1]

La fe del Reino se contenta con esperar el momento que llamamos "justo a tiempo" según la voluntad de Dios. Hay ocasiones cuando afrontamos situaciones y condiciones en la vida donde sentimos como si a Dios no le importara ni estuviera consciente de nuestros apuros. Hay ocasiones cuando Dios no dice nada o parece ignorar nuestras oraciones. *La fe del Reino es la confianza en medio del silencio de Dios.*

Dios tiene algo mejor

Nos aguarda algo mejor de parte de Dios. No importa qué tan prometedoras y bellas sean nuestras imaginaciones del mundo y de la vida que soñamos. Aunque a veces ponemos un montón de cosas inalcanzables en nuestros sueños y por eso no podemos imaginar algo mejor. No olvidemos que nuestra visión y conocimiento son limitados. Debemos ver las cosas desde la perspectiva de Dios con el fin de tener el panorama completo. Isaías 64:4 dice: *"Fuera de ti, desde tiempos antiguos nadie ha escuchado ni percibido, ni ojo alguno ha visto, a un Dios que, como tú, actúe en favor de quienes en él confían"*. Pablo citó este mismo versículo de una forma un poco diferente para los creyentes corintios: *"Sin embargo, como está escrito: «Ningún ojo ha visto, ningún oído ha escuchado, ninguna mente humana ha concebido lo que Dios ha preparado para quienes lo aman.»"* (1 Corintios 2:9). El alcance y la belleza de lo que Dios planeó para nosotros nos resultan incomprensibles. Es por eso que la fe del Reino es tan importante, pues nos enseña a esperar lo mejor de Dios en lugar de conformarnos con lo que está en segundo lugar. Si somos fieles, Dios nos revelará ese "algo mejor" a su tiempo y manera.

Este fue el testimonio común de los héroes de la fe en la Biblia, así como lo deja claro el autor de la Carta a los Hebreos:

> *Ahora bien, la fe es la garantía de lo que se espera, la certeza de lo que no se ve. Gracias a ella fueron aprobados los antiguos* (Hebreos 11:1-2).

Los antiguos patriarcas fueron elogiados por su fe. Aquí presentamos una "lista" de estos hombres fieles que el autor cita como ejemplos distinguidos: Abel, Enoc, Noé, Abraham, Isaac, Jacob, Moisés, Rajab, Gedeón, Barac, Sansón, Jefté, David, Samuel y todos los profetas. Aunque estas personas representan a generaciones múltiples, todos ellos compartieron una cosa en común: *la fe en Dios* que los sostuvo para vivir en la esperanza segura de sus promesas, aún si no vivieron para verlas personalmente. De nuevo, leamos en las palabras del autor de la Carta a los hebreos:

> *Todos ellos vivieron por la fe, y murieron sin haber recibido las cosas prometidas; más bien, las reconocieron a lo lejos, y confesaron que eran extranjeros y peregrinos en la tierra. Al expresarse así, claramente dieron a entender que andaban en busca de una patria. Si hubieran estado pensando en aquella patria de donde habían emigrado, habrían tenido oportunidad de regresar a ella. Antes bien, anhelaban una patria mejor, es decir, la celestial. Por lo tanto, Dios no se avergonzó de ser llamado su Dios, y les preparó una ciudad…. Aunque todos obtuvieron un testimonio favorable mediante la fe, ninguno de ellos vio el cumplimiento de la promesa. Esto sucedió para que ellos no llegaran a la meta sin nosotros, pues Dios nos había preparado algo mejor* (Hebreos 11:13-16; 39-40).

Otro factor común que relaciona a todas estas personas es que cada uno sufrió grandes dificultades pero las superaron por su fe. Fueron duramente probados pero sobrevivieron por la fe. Se mantuvieron firmes en su fe en medio de las dificultades y salieron victoriosos al otro lado. Para muchos de ellos, el costo máximo de su fe fue la muerte. Pero su muerte simplemente los hizo pasar a la plenitud de la vida eterna con la esperanza segura sobre la cual aferraron su vida terrenal.

Jamás seremos conocidos por las cosas que evitamos. Jamás seremos recordados por las pruebas que fallamos (a menos que todo lo que hagamos en esta vida sea fallar siempre). La historia no recuerda a los cobardes, ni a las personas que huyeron ante las crisis. Tampoco recordará a los desconocidos y anónimos que no lograron nada en la vida porque lucharon para aumentar su fe. ¡No! La historia recuerda siempre a la gente que vivió (y murió) por sus convicciones, que se mantuvo inquebrantable a pesar de vivir con todo en su contra, porque creyeron que valía la pena la prueba de esas cosas por las cuales lucharon.

Algunas personas nos recordarán por no perder la calma ante la presión y tener esperanza en medio del caos. Nos recordarán porque tuvimos confianza cuando nos rodeaba la incertidumbre. Sólo una cosa nos puede dar ese tipo de equilibrio en la vida—la fe del Reino—. La fe es el único recurso que nos permite confiar en Dios aún cuando la vida no tenga sentido. La fe es ese motivo que nos permite estar contentos a pesar de nuestra falta de conocimiento. La fe nos ayuda a aceptar nuestras limitaciones. La fe es esa garantía que nos permite creer que Dios nos recompensará al final, aún en medio de la tormenta. La fe nos asegura que el futuro es tan bello y glorioso que Dios nos purificará a pesar de la dificultad para que podamos disfrutarlo a plenitud, sin reparar en las deficiencias del tiempo presente. *Esta es la fe que le permite a Dios ser Dios.*

Los principios del Reino

La fe del Reino es un salto seguro hacia el resplandor de la luz de la fidelidad de Dios en su Palabra.

Su propósito es mostrarnos su visión para nuestra vida.

Las pruebas no fueron concebidas para destruirnos sino para probar nuestra visión.

Nuestra fe se manifiesta en medio de las pruebas que encuentra.

Si usted atraviesa por un momento difícil, esto es una buena señal de que Dios quiere usarlo como modelo para otros que lo necesitan.

La clave para tener éxito en las pruebas es la fe sazonada con una dosis saludable de humildad.

La fe del Reino somete nuestras limitaciones al Dios ilimitado.

La fe del Reino es la confianza en medio del silencio de Dios.

Nota al final

1. Ver www.libertytothecaptives.net/ten_boom.html; se tuvo acceso el 13/01/2009.

CAPÍTULO 6

La valentía de
la fe del Reino

*"La fe no es creer sin evidencia, sino
confiar sin reservas".*—Elton Trueblood

L a fe del Reino es una fe valerosa—una fe que no se rinde
porque sabe que las circunstancias actuales no equivalen a
la realidad completa y definitiva. Veremos esa realidad completa
sólo cuando Dios nos lleve a la mansión celestial. Dios llama a su
pueblo hacia la fe a lo largo de las Escrituras y a menudo se asocia
con un llamado a la valentía. *La valentía no es la ausencia de temor. La
valentía es la seguridad y convicción ante el temor. La valentía es creer en la
vida más allá del obstáculo del temor.*

Dios le ordenó a Josué, el sucesor designado por Moisés, preparar al pueblo de Israel para cruzar el Río Jordán y conquistar la
tierra de Canaán, la "Tierra Prometida" que Dios le quería dar a
Abraham y a sus descendientes en los días inmediatamente posteriores a la muerte de Moisés. Moisés condujo al pueblo durante
cuarenta años con gran destreza y numerosas demostraciones del

poder de Dios, dejando un vacío difícil de llenar. Agreguémosle a este reto el hecho de que el pueblo cananita, al que tenían que enfrentarse los israelitas, era muy poderoso en la guerra y estaba bien establecido en la región. Josué se enfrentó al doble reto difícil de no sólo ganarse la confianza y el respeto de parte de los israelitas como el sucesor de Moisés, sino también de impulsarlos a cruzar el Jordán y tomar la tierra prometida, algo que la generación anterior se negó a hacer.

Afortunadamente Josué no estaba solo en esta tarea. Dios supo que Josué no podía hacer el trabajo por sí mismo y encargó a Josué con las responsabilidades para afrontar los desafíos que harían que cualquier persona razonable echara marcha atrás. Y Dios también supo que el pueblo israelita, como un todo, se desanimaba fácilmente y era propenso a no enfrentar el peligro. Se desanimaban fácilmente. Josué necesitó valor, como varón y como líder del pueblo israelita, y el pueblo necesitó cobrar valor ante el ejemplo de su líder. De modo que Dios se le apareció a Josué y lo animó, así como lo hizo con Moisés antes de comenzar la campaña para conquistar la tierra de Canaán:

> *Después de la muerte de Moisés, siervo del Señor, Dios le dijo a Josué hijo de Nun, asistente de Moisés: «Mi siervo Moisés ha muerto. Por eso tú y todo este pueblo deberán prepararse para cruzar el río Jordán y entrar a la tierra que les daré a ustedes los israelitas. Tal como le prometí a Moisés, yo les entregaré a ustedes todo lugar que toquen sus pies. Su territorio se extenderá desde el desierto hasta el Líbano, y desde el gran río Éufrates, territorio de los hititas, hasta el mar Mediterráneo, que se encuentra al oeste. Durante todos los días de tu vida, nadie será capaz de enfrentarse a ti.*

… **Sé fuerte y valiente,** *porque tú harás que este pueblo herede la tierra que les prometí a sus antepasados. Sólo* **te pido que tengas mucho valor y firmeza** *para obedecer toda la ley que mi siervo Moisés te mandó. No te apartes de ella para nada; sólo así tendrás éxito dondequiera que vayas. Recita siempre el libro de la ley y medita en él de día y de noche; cumple con cuidado todo lo que en él está escrito. Así prosperarás y tendrás éxito. Ya te lo he ordenado:* **¡Sé fuerte y valiente!** *¡No tengas miedo ni te desanimes! Porque el Señor tu Dios te acompañará dondequiera que vayas.»* (Josué 1:1-9, se añadió el énfasis).

Dios le dijo *tres veces* a Josué en estos versículos que fuera *"fuerte y valiente"*. Y aunque la palabra *"fe"* no aparece en ninguna parte en el pasaje, se sobreentiende claramente de principio a fin. Dios le asigna a Josué su misión, le asegura su presencia y le promete victoria en la campaña venidera. Luego le dice a Josué que sea fuerte y valiente. ¿Fuerte y valiente en qué? En creer en Dios y en llevar a cabo sus instrucciones. Se requiere siempre de valor para hacer lo que dice Dios. La fe y la valentía van de la mano.

La valentía es importante en la práctica de la fe porque, tal como lo hemos visto a lo largo de este libro, la Fe del Reino forma parte de una vida llena de pruebas, sufrimientos y dificultades, y necesitamos valor para afrontar estas tormentas. Dios realiza a veces obras grandes y milagrosas para animar nuestra fe, pero debemos ser cuidadosos de no perderla. El objetivo de las obras de Dios es que depositemos nuestra fe en Él, *no* en sus obras. El apóstol Juan expone en su Evangelio siete milagros o señales que Jesús realizó para revelarles a sus discípulos quién era Él y para cimentar su fe.

El Señor Jesús transformó el agua en vino en el banquete de bodas en la aldea de Caná, y esta fue la primera de sus señales para revelarnos su verdadera identidad. El apóstol Juan nos explicó después el propósito de este milagro: *"Ésta, la primera de sus señales, la hizo Jesús en Caná de Galilea. Así reveló su gloria, y sus discípulos **creyeron en él"** (Juan 2:11). Los discípulos de Jesús creyeron en Él, no en su milagro de convertir el agua en vino, porque hasta donde sabemos, Jesús nunca lo volvió a hacer. Era un milagro de una sola vez.

El objetivo subyacente de Dios detrás de sus milagros ha sido siempre que depositemos nuestra fe en Él, no en las maravillas que él hace. Para decirlo con otras palabras, Dios hace a veces cosas asombrosas en nuestra vida para que aprendamos a confiar en Él. En lugar de eso, lo que hacemos nosotros es confiar en lo que Él *hizo*. Luego nos olvidamos de lo que él hizo, tratando de obtener otra señal (u otra bendición) cuando se desvanece el esplendor de la señal anterior. Debemos confiar en él, no en los milagros. Por eso el Señor Jesús dice todo el tiempo: "Confía en mí. Deja de ir de acá para allá buscando milagros, señales y bendiciones, y *confía en mí*".

Dios rara vez hace lo mismo de la misma manera dos veces, o del mismo modo para dos personas distintas. Por ejemplo, aunque Josué fue el sucesor designado para Moisés, Dios nunca hizo algo con Josué de la misma forma que lo hizo con Moisés. Pero nuestra tendencia es esperar que Dios haga mañana la misma cosa que hizo hoy, o que obre en la vida de otra persona de la misma manera que lo hizo en la nuestra. Nos vamos a desilusionar siempre que tratemos de encajonar a Dios de esta manera. Así que, no depositemos la fe en lo que hizo Dios por nosotros o por los demás. Recuerde: Usted necesita depositar su fe en Dios; luego relájese y permítale hacer con usted lo que él desea.

El valor para afrontar las pruebas

Los ciudadanos del Reino siempre afrontan pruebas de todo tipo; esto forma parte de nuestros genes espirituales. Recordemos las palabras de Jesús: *"Yo les he dicho estas cosas para que en mí hallen paz. En este mundo afrontarán aflicciones, pero ¡anímense! Yo he vencido al mundo"* (Juan 16:33); y la declaración directa de Pablo: *"Así mismo serán perseguidos todos los que quieran llevar una vida piadosa en Cristo Jesús..."* (2 Timoteo 3:12). Pablo sin duda debería saberlo, ya que experimentó la persecución por ambos lados, primero como perseguidor de los creyentes, y luego como mensajero fiel del Evangelio de Cristo, tras volverse uno de sus seguidores. De hecho, Pablo fue un participante activo en la persecución de la primera persona que murió por su fe en Cristo: un hombre llamado Esteban.

La historia de Esteban se encuentra en los capítulos seis y siete del Libro de los Hechos. Aparece primero como uno de los siete hombres de la iglesia de Jerusalén que fueron elegidos para supervisar la distribución diaria de alimentos para los necesitados de la iglesia. Se describe a Esteban como un hombre *"...lleno de fe y del Espíritu Santo..."* (Hechos 6:5), que también fue un poderoso testigo público de Cristo, lo cual le causó problemas rápidamente:

> *Esteban, hombre lleno de la gracia y del poder de Dios, hacía grandes prodigios y señales milagrosas entre el pueblo. Con él se pusieron a discutir ciertos individuos de la sinagoga llamada de los Libertos, donde había judíos de Cirene y de Alejandría, de Cilicia y de la provincia de Asia. Como no podían hacer frente a la sabiduría ni al Espíritu con que hablaba Esteban, instigaron a unos hombres a decir: «Hemos oído a Esteban blasfemar contra Moisés y contra Dios.»*

> *Agitaron al pueblo, a los ancianos y a los maestros*
> *de la ley. Se apoderaron de Esteban y lo llevaron ante*
> *el Consejo. Presentaron testigos falsos que declararon: «Este*
> *hombre no deja de hablar contra este lugar santo y contra la ley.*
> *Le hemos oído decir que ese Jesús de Nazaret destruirá este*
> *lugar y cambiará las tradiciones que nos dejó Moisés.»*
>
> *Todos los que estaban sentados en el Consejo fijaron la*
> *mirada en Esteban y vieron que su rostro se parecía al*
> *de un ángel* (Hechos 6:8-15).

Al presentarse ante la suprema corte religiosa judía y al ser acusado falsamente de blasfemia (un delito capital), Esteban procede a dar en Hechos 7 una extensa defensa de Cristo y del Evangelio del Reino que es tan genial que deja enmudecidos de rabia a sus acusadores:

> *Al oír esto, rechinando los dientes montaron en cólera*
> *contra él. Pero Esteban, lleno del Espíritu Santo, fijó la*
> *mirada en el cielo y vio la gloria de Dios, y a Jesús de pie*
> *a la derecha de Dios. ¡Veo el cielo abierto —exclamó—, y*
> *al Hijo del hombre de pie a la derecha de Dios!*
>
> *Entonces ellos, gritando a voz en cuello, se taparon los*
> *oídos y todos a una se abalanzaron sobre él, lo sacaron*
> *a empellones fuera de la ciudad y comenzaron a ape-*
> *drearlo. Los acusadores le encargaron sus mantos a un*
> *joven llamado Saulo* [Pablo].
>
> *Mientras lo apedreaban, Esteban oraba. —Señor Je-*
> *sús —decía—, recibe mi espíritu. Luego cayó de rodi-*
> *llas y gritó: —¡Señor, no les tomes en cuenta este pecado!*
> *Cuando hubo dicho esto, murió* (Hechos 7:54-60).

Esteban fue elegido como siervo/líder en la iglesia primitiva porque fue un hombre "lleno de fe". Uno debe ser lleno de fe para ser un elegido en el Cuerpo de Cristo. *El Reino del Cielo y su delegación, la Iglesia, no pueden permitirse tener ciudadanos indecisos que huyen cada vez que se ejerce presión sobre ellos.* La fe, no los talentos, nos ayudarán a salir adelante en la pruebas. La fe, no los dones, nos ayudarán a permanecer firmes cuando colapsa todo lo demás.

Note, sin embargo, que la fe de Esteban no impidió que fuera lapidado. Se mantuvo firme en su fe, y esto le costó la vida. Esteban fue el primer discípulo en ser apedreado y asesinado por dar testimonio de Cristo. Alguien quizás pregunte, cuando afronte sufrimientos y dificultades: "Bueno, si usted tiene fe, ¿por qué le ocurren tantas cosas?". Simplemente pregúntele a Esteban. "Si usted sigue a Dios, ¿cómo puede permitir Él que lo apedreen?". Dios sabe lo que permite. ¿Por qué? Porque Él es el Rey y siempre actúa para su gloria. Esteban murió al final con una sonrisa en su rostro y con una oración de perdón en sus labios, honrado con una visión de la gloria de Dios y del Cristo vivo parado a la diestra de Dios.

¿Puede alguien morir con una sonrisa mientras le arrojan piedras, perdonando a quienes lo están matando? Estaban lo hizo. Su fe era mucho más fuerte que las piedras. Y la Iglesia se multiplicó gracias a su muerte. Dios usó la muerte de Esteban para darles a todos los demás un propósito para vivir, incluyendo a Pablo, quien fue testigo de todo. Si Esteban pudo morir por su fe, ¿Por qué no podemos *vivir* por la nuestra?

La historia completa

Los predicadores, maestros de la Biblia y otros líderes de la Iglesia que hablan únicamente de las bendiciones, la prosperidad y otras cosas buenas que forman parte de la vida del Reino, no cuentan la historia completa. Es cierto que la vida del Reino trata de todo esto y más, pero también es una vida de desafíos, pruebas y dificultades. Ha sido así desde el comienzo y seguirá siendo así hasta que regrese Cristo. ¿Cómo podría ser de otra manera cuando nos presentamos como representantes del Reino de Dios en un mundo que está en rebelión contra ese Reino? Por el hecho de ser ciudadanos del Reino recibimos oposición y resistencia.

A Pablo y a otros apóstoles de Cristo les resultó necesario animar constantemente a los creyentes para que fueran fieles, incluso en los primeros días de la Iglesia, porque hubo por todos lados tentaciones para abandonar la fe. Judíos enfadados apedrearon a Pablo en la ciudad de Listra y lo dieron por muerto por predicar a Cristo, pero esto no lo detuvo:

> En eso llegaron de Antioquía y de Iconio unos judíos que hicieron cambiar de parecer a la multitud. Apedrearon a Pablo y lo arrastraron fuera de la ciudad, creyendo que estaba muerto. Pero cuando lo rodearon los discípulos, él se levantó y volvió a entrar en la ciudad. Al día siguiente, partió para Derbe en compañía de Bernabé.
>
> Después de anunciar las buenas nuevas en aquella ciudad y de hacer muchos discípulos, Pablo y Bernabé regresaron a Listra, a Iconio y a Antioquía, fortaleciendo a los discípulos y animándolos a perseverar en la fe. «Es necesario pasar por muchas dificultades para entrar en el reino de Dios», les decían. En cada iglesia nombraron ancianos y, con oración y ayuno, los encomendaron al Señor, en quien habían creído (Hechos 14:19-23).

Fíjese que después de que Pablo fue apedreado, no sólo *regresó* a la misma ciudad, sino también volvió a Listra desde donde él y su compañero, Bernabé, regresaron a Antioquía donde comenzaron, fortaleciendo y animando a los creyentes en las ciudades que había por el camino. Y, ¿cómo animaron a estos creyentes?, diciéndoles: "Es necesario pasar por muchas dificultades para entrar en el reino de Dios". Pablo y Bernabé aceptaron las pruebas, los sufrimientos y las dificultades como una parte natural de su servicio como embajadores del Reino. No es diferente con nosotros. Es por eso que necesitamos una fe valerosa.

La fe del Reino no elude los desafíos sino que los acepta como una parte vital y necesaria de una vida con fe. Sin duda Pablo entendió esto también como cualquier otro y mejor que la mayoría. Un acontecimiento muy especial en su vida deja bien claro que Dios nos permite pasar frecuentemente por dificultades por nuestro bien y para su gloria. Pablo estaba a bordo de un barco atrapado en una fuerte tormenta en el Mar Adriático, cuando fue arrestado y se dirigía a Roma para apelar su caso ante Cesar. La tormenta fue tan violenta que al final todos se desesperaron, incluyendo los marinos experimentados. Pero luego Pablo recibió una palabra del Señor:

> *Llevábamos ya mucho tiempo sin comer, así que Pablo se puso en medio de todos y dijo: «Señores, debían haber seguido mi consejo y no haber zarpado de Creta; así se habrían ahorrado este perjuicio y esta pérdida. Pero ahora los exhorto a cobrar ánimo, porque ninguno de ustedes perderá la vida; sólo se perderá el barco. Anoche se me apareció un ángel del Dios a quien pertenezco y a quien sirvo, y me dijo: "No tengas miedo, Pablo. Tienes que comparecer ante el emperador; y Dios te ha concedido la vida de todos los que navegan contigo." Así que ¡ánimo, señores! Confío en Dios que sucederá tal y como se me dijo. Sin embargo, tenemos que encallar en alguna isla.»* (Hechos 27:21-26).

Dios le dejó claro a Pablo que su voluntad era que él fuera ante Cesar, donde en el curso de su defensa atestiguaría poderosamente sobre la veracidad de Cristo. Lo que también es claro es que fue el propósito de Dios que Pablo resistiera la tormenta en el mar y naufragara antes de llegar a Roma. Dios pudo haber hecho que el viaje de Pablo fuera tranquilo todo el recorrido, pero tuvo un propósito superior —que los compañeros de viaje de Pablo, así como los soldados y los marineros del barco fueran testigos del poder salvador de Dios en acción y, de esta forma, le dieran gloria—.

Las personas con la fe del Reino no eluden los desafíos porque saben que estos forman parte natural de la vida del Reino. Las bendiciones, las señales y los milagros, tan maravillosos como son, son sólo una parte del panorama completo.

La fe dura más tiempo que todo lo demás

Por esta razón los ciudadanos del Reino son conocidos por la manera como afrontan las pruebas de su fe, y no por las bendiciones que reciben de Dios. Las bendiciones son temporales; las señales y milagros son temporales; pero la fe durará para siempre. Los santos enumerados en el capítulo 11 de la Carta a los Hebreos, esa larga *"lista de los fieles"* fueron elogiados por su fe, no por su riqueza ni su educación, ni por sus dones o talentos. De hecho, el autor de Hebreos 11:6 declara escuetamente: *"En realidad, sin fe es imposible agradar a Dios, ya que cualquiera que se acerca a Dios tiene que creer que él existe y que recompensa a quienes lo buscan"*. Jesús preguntó: *"cuando venga el Hijo del hombre, ¿encontrará fe en la tierra?"* (Lucas 18:8). No bendiciones, ni prosperidad, sino fe. Pablo dijo: *"Vivimos por fe, no por vista"* (ver 2 Corintios 5:7). Dicho de otro modo, vivimos según la confianza que depositamos en Dios, no según las cosas que Él hace por nosotros —que son las cosas que podemos ver—. Pablo elogió vez tras vez la fe de sus lectores en sus cartas:

> *En primer lugar, por medio de Jesucristo doy gracias a mi Dios por todos ustedes, pues en el mundo entero se habla bien de su fe* (Romanos 1:8).

> *Siempre que oramos por ustedes, damos gracias a Dios, el Padre de nuestro Señor Jesucristo, pues hemos recibido noticias de su fe en Cristo Jesús y del amor que tienen por todos los santos a causa de la esperanza reservada para ustedes en el cielo. De esta esperanza ya han sabido por la palabra de verdad, que es el evangelio que ha llegado hasta ustedes. Este evangelio está dando fruto y creciendo en todo el mundo, como también ha sucedido entre ustedes desde el día en que supieron de la gracia de Dios y la comprendieron plenamente* (Colosenses 1:3-6).

> *Siempre damos gracias a Dios por todos ustedes cuando los mencionamos en nuestras oraciones. Los recordamos constantemente delante de nuestro Dios y Padre a causa de la obra realizada por su fe, el trabajo motivado por su amor, y la constancia sostenida por su esperanza en nuestro Señor Jesucristo* (1 Tesalonicenses 1:2-3).

> *Hermanos, siempre debemos dar gracias a Dios por ustedes, como es justo, porque su fe se acrecienta cada vez más, y en cada uno de ustedes sigue abundando el amor hacia los otros. Así que nos sentimos orgullosos de ustedes ante las iglesias de Dios por la perseverancia y la fe que muestran al soportar toda clase de persecuciones y sufrimientos* (2 Tesalonicenses 1:3-4).

¿Por qué es tan importante la fe? Porque la fe es la clave para la justicia, la cual es la única forma de ver a Dios y de ingresar a su Reino. Así como Pablo les recordó a los creyentes romanos:

> *A la verdad, no me avergüenzo del evangelio, pues es poder de Dios para la salvación de todos los que creen: de los judíos primeramente, pero también de los gentiles. De hecho, en el evangelio se revela la justicia que proviene de Dios, la cual es por fe de principio a fin, tal como está escrito: «El justo vivirá por la fe.»*

La vida del Reino es una vida que se vive por fe de principio a fin. La fe penetra la actitud del corazón, así como el discurso y el comportamiento de los ciudadanos del Reino. Moldea nuestra cosmovisión y guía nuestras decisiones. La fe del Reino es resistente; sobrevive a toda arma que venga en contra de ella.

La fe del Reino permanece, aún cuando se haya acabado la esperanza. Dios le prometió a Abraham un hijo en su vejez, y Abraham le creyó a Dios aún después de que pasaron muchos años sin el cumplimiento de la promesa. Él continuó creyendo aún después de que él y su esposa Sara habían pasado hacía mucho la edad para tener hijos. Sólo la fe permanece cuando se desvanece la esperanza, y esto fue suficiente en el caso de Abraham. Dicho en las palabras de Pablo:

> *En efecto, no fue mediante la ley como Abraham y su descendencia recibieron la promesa de que él sería heredero del mundo, sino mediante la fe, la cual se le tomó en cuenta como justicia...*

> *Por eso la promesa viene por la fe, a fin de que por la gracia quede garantizada para toda la descendencia de Abraham; esta promesa no es sólo para los que son de*

la ley sino para los que son también de la fe de Abraham, quien es el padre que tenemos en común...

Contra toda esperanza, Abraham creyó y esperó, y de este modo llegó a ser padre de muchas naciones, tal como se le había dicho: «¡Así de numerosa será tu descendencia!» Su fe no flaqueó, aunque reconocía que su cuerpo estaba como muerto, pues ya tenía unos cien años, y que también estaba muerta la matriz de Sara. Ante la promesa de Dios no vaciló como un incrédulo, sino que se reafirmó en su fe y dio gloria a Dios, plenamente convencido de que Dios tenía poder para cumplir lo que había prometido. Por eso se le tomó en cuenta su fe como justicia (Romanos 4:13, 16, 18-22).

Abraham tuvo fe cuando no había ninguna esperanza de tener biológicamente un hijo y heredero, y por la fe recibió lo que no hubiera obtenido de otra forma. De modo que, es mejor que crea usted en Dios si su situación parece imposible de solucionar. Confíe en el Señor si no ve ninguna salida a la crisis en que está. La fe le ayudará cuando su confianza esté depositada en Aquel que no falla y que siempre es fiel a sus promesas.

La fe del Reino incluso dura más tiempo que la misma muerte porque trasciende a la eternidad. La muerte siempre ha sido el mayor enemigo de la humanidad a lo largo de la historia, un adversario implacable que al final siempre gana. Pero Cristo vino y cambió todo. Cristo detuvo el poder de la muerte por medio de su resurrección y la venció para siempre dando nueva vida a todos los que confían en Él. La contemplación de esta increíble verdad llevó a Pablo a escribirle a los corintios:

Porque lo corruptible tiene que revestirse de lo incorruptible, y lo mortal, de inmortalidad. Cuando lo corruptible se revista de lo incorruptible, y lo mortal, de inmortalidad, entonces se cumplirá lo que está escrito: «La muerte ha sido devorada por la victoria.»

«¿Dónde está, oh muerte, tu victoria? ¿Dónde está, oh muerte, tu aguijón?» El aguijón de la muerte es el pecado, y el poder del pecado es la ley. ¡Pero gracias a Dios, que nos da la victoria por medio de nuestro Señor Jesucristo! (1 Corintios 15:53-57).

La fe del Reino nos sostendrá y nos dará la victoria final. Afrontemos la prueba, por dura que sea, incluso si es la prueba de la muerte. Cuando tenemos fe, nada nos puede derrotar ni separar de nuestro Rey ni de las riquezas gloriosas de su Reino. De nuevo, en las palabras de Pablo:

¿Quién nos apartará del amor de Cristo? ¿La tribulación, o la angustia, la persecución, el hambre, la indigencia, el peligro, o la violencia? Así está escrito: «Por tu causa siempre nos llevan a la muerte; ¡nos tratan como a ovejas para el matadero!»

Sin embargo, en todo esto somos más que vencedores por medio de aquel que nos amó. Pues estoy convencido de que ni la muerte ni la vida, ni los ángeles ni los demonios, ni lo presente ni lo por venir, ni los poderes, ni lo alto ni lo profundo, ni cosa alguna en toda la creación, podrá apartarnos del amor que Dios nos ha manifestado en Cristo Jesús nuestro Señor (Romanos 8:35-39).

La fe del Reino nos da el valor que necesitamos porque nos asegura que venceremos cualquier dificultad que tengamos por delante.

La fe hace todo posible

Nada es imposible en el Reino de Dios porque Dios no tiene límites. Él es omnisciente, omnipotente y omnipresente, y todo pertenece a Él en todo lugar. Esta convicción de la soberanía de Dios es la que aviva la fe del Reino para que podamos perseverar en la creencia de que con la fe todo es posible. El Señor Jesús fue categórico en este asunto. Un día Jesús encontró a un padre cuyo hijo estaba poseído por un demonio y a quien sus discípulos no habían podido ayudar. Jesús aprovechó la ocasión para enseñarles una lección sobre el poder de la fe:

—Maestro —respondió un hombre de entre la multitud—, te he traído a mi hijo, pues está poseído por un espíritu que le ha quitado el habla. Cada vez que se apodera de él, lo derriba. Echa espumarajos, cruje los dientes y se queda rígido. Les pedí a tus discípulos que expulsaran al espíritu, pero no lo lograron.

—¡Ah, generación incrédula! —respondió Jesús—. ¿Hasta cuándo tendré que estar con ustedes? ¿Hasta cuándo tendré que soportarlos? Tráiganme al muchacho.

Así que se lo llevaron. Tan pronto como vio a Jesús, el espíritu sacudió de tal modo al muchacho que éste cayó al suelo y comenzó a revolcarse echando espumarajos.

—¿Cuánto tiempo hace que le pasa esto? —le preguntó Jesús al padre.

—Desde que era niño —contestó—. Muchas veces lo ha echado al fuego y al agua para matarlo. Si puedes hacer algo, ten compasión de nosotros y ayúdanos.

—¿Cómo que si puedo? Para el que cree, todo es posible.

—¡Sí creo! —exclamó de inmediato el padre del mu-chacho—. ¡Ayúdame en mi poca fe!

Al ver Jesús que se agolpaba mucha gente, reprendió al espíritu maligno. —Espíritu sordo y mudo —dijo—, te mando que salgas y que jamás vuelvas a entrar en él.

El espíritu, dando un alarido y sacudiendo violenta-mente al muchacho, salió de él. Éste quedó como muer-to, tanto que muchos decían: «Ya se murió.» Pero Jesús lo tomó de la mano y lo levantó, y el muchacho se puso de pie (Marcos 9:17-27).

El Señor Jesús fue rotundamente categórico cuando dijo: "Para el que cree, todo es posible". Este padre afligido tuvo fe, pero también fue honesto sobre su lucha con la fe. Sufrió muchos años por la condición de su hijo y quizás buscó curarlo más de una vez a través de la oración y de otros medios. Pero un día atis-bó un rayo de esperanza con la noticia de que los discípulos de Jesús tenían el mismo poder de sanación que su Maestro. Después de intentarlo, sus esperanzas volaron por los aires cuando no fue-ron capaces de curar a su hijo. Su fe estaba ahora afectada, quizás porque él la había depositado en lo que Jesús y los discípulos po-dían *hacer*, en lugar de depositarla en la persona de Jesús, el Hijo de Dios. Sin embargo, este padre admitió humilde y honestamente su lucha con la fe, volvió a fijar su fe en Jesús y fue testigo de lo imposible—su hijo fue curado—cuando reconoció a Jesús.

La fe del Reino triunfa porque mira más allá de lo que es hu-manamente posible—los límites del conocimiento, los logros y la capacidad humana—, y abraza lo imposible confiando en Aquel en quien todo es posible. Debido a su alcance infinito, la fe del Reino es la fuente de las hazañas y de la visión que serían inconcebibles en un plano puramente humano o físico. Jesús, una vez más, destacó la importancia de la fe cuando sus discípulos le preguntaron por qué no habían podido curar al muchacho endemoniado:

> *Después los discípulos se acercaron a Jesús y, en privado, le preguntaron: —¿Por qué nosotros no pudimos expulsarlo?*
>
> *—Porque ustedes tienen tan poca fe —les respondió—. Les aseguro que si tienen fe tan pequeña como un grano de mostaza, podrán decirle a esta montaña: "Trasládate de aquí para allá", y se trasladará. Para ustedes nada será imposible* (Mateo 17:19-21).

Si la fe del tamaño de un grano de mostaza puede mover una montaña, imagínese lo que podría lograr una fe más grande. Algunos de los movimientos espirituales, ministerios evangelísticos y trabajos misioneros más grandes en el Reino de Dios en la tierra comenzaron con la semilla de una visión que se nutrió en la tierra fértil de la fe hasta que floreció para convertirse en una realidad *completa*. La fe del Reino no está limitada por lo que dice la gente o por la sabiduría o la razón humana. La fe del Reino sólo está limitada por la voluntad de Dios—y Él no tiene límites—.

Dios jamás da una visión ni siembra un sueño sin hacer las provisiones para su cumplimiento. De modo que si Dios pone una visión en su espíritu o un sueño en su corazón, no haga nada por impedirlo. No lo considere imposible por remoto o improbable que parezca su realización ante sus circunstancias actuales. Confíe su visión al Señor. Invierta sus capacidades en el Reino—su semilla es la fe que Dios le dado— y confíe en que su Rey cumplirá la visión o el sueño que sembró en usted. Esto puede tomar un rato—quizás años—, pero ocurrirá en el tiempo perfecto de Dios. Recuerde que Abraham esperó 25 años la llegada de su hijo Isaac. Todos los santos que se citan en la Carta a los Hebreos, capítulo 11, *murieron* sin ver el cumplimiento de lo que creían. Esto no quiere decir que su fe era desacertada. Simplemente significa que depositaron su fe en Aquel cuyos planes y propósitos trascienden tanto el espacio como el tiempo.

La decisión crucial

El mensaje del Reino de Dios confronta a todos los que lo escuchan con una decisión crucial: creer y vivir o no creer y morir; creer e ingresar a una vida repleta de riquezas y significado, o no creer y descender a una existencia sin sentido ni propósito; creer y vencer, o no creer y afrontar la derrota.

Judas Iscariote se enfrentó a esta decisión. Judas se pudo arrepentir, aún después de entregar a Jesús a sus enemigos. Pudo renunciar a la traición, buscar perdón y renovar su fe en su Señor. En lugar de eso, persistió en su incredulidad y su desesperación por la pérdida de su fe lo llevó a suicidarse:

> *Cuando Judas, el que lo había traicionado, vio que habían condenado a Jesús, sintió remordimiento y devolvió las treinta monedas de plata a los jefes de los sacerdotes y a los ancianos.*
>
> *—He pecado —les dijo— porque he entregado sangre inocente.*
>
> *—¿Y eso a nosotros qué nos importa? —respondieron—. ¡Allá tú! Entonces Judas arrojó el dinero en el santuario y salió de allí. Luego fue y se ahorcó* (Mateo 27:3-5).

La consciencia de Judas lo llevó a preocuparse por haber traicionado a un hombre inocente, pero no lo llevó a arrepentirse para abrazar a Cristo como el Rey de reyes y Señor de señores. La fe de Judas fue inapropiada. La conciencia no debe confundirse con la fe. Él confió en su propia visión de quién debía ser Jesús y nunca tuvo fe en él. Posiblemente Judas nunca le creyó al Señor Jesús. La fe de Judas en Jesús nunca alcanzó el nivel de la fe del Reino. La tragedia de la vida de Judas nos muestra que cuando se pierde la fe, la vida no tiene significado.

Simón Pedro se enfrentó a la misma decisión de Judas pero con un resultado diferente. Pedro pudo caer fácilmente en la espiral descendente de la incredulidad y terminar muerto como Judas al haber negado públicamente tres veces a Cristo. Pero la fe de Pedro en Cristo jamás flaqueó. En cambio, su confianza pasó la prueba porque no depositó su fe en sus propias fuerzas. Pedro aprovechó la ocasión para renovar su relación con su Maestro al humillarse por su fracaso. El Cristo resucitado le dio a Pedro tres oportunidades para reafirmar su amor hacia Él, allí en la orilla del Mar de Galilea, una por cada caso de su negación. Recordemos las tres preguntas del Señor Jesús cuando le dijo: "¿Pedro, me amas?" Pedro pasó la prueba esta vez y demostró que su fe era la fe del Reino: la fe que dura, la fe que persevera, la fe que infunde vida con significado y propósito. Pedro predicó audazmente el resto de su vida, soportó muchas dificultades y afrontó oposición de todo tipo con el valor que sólo la fe del Reino puede conferir.

Cada uno de nosotros hace frente, como Judas y Pedro, a la decisión crucial de la vida: creer o no creer. La clave para vencer en las pruebas y los sufrimientos de la vida es vivir por la fe, la cual es la expresión activa y externa de nuestro amor por Dios. Demostramos nuestro amor por Dios al obedecerle, y la obediencia es la fe puesta en acción. La fe que se aviva con nuestro amor por Dios nos llena de esperanza y es la garantía de nuestra ciudadanía eterna en el Reino de Dios. Al final de nuestra existencia en esta tierra, estas tres virtudes—la fe, la esperanza y el amor— permanecerán cuando todo lo demás haya desaparecido:

> *El amor jamás se extingue, mientras que el don de profecía cesará, el de lenguas será silenciado y el de conocimiento desaparecerá. Porque conocemos y profetizamos de manera imperfecta; pero cuando llegue lo perfecto, lo imperfecto desaparecerá...Ahora, pues, permanecen estas tres virtudes: la fe, la esperanza y el amor. Pero la más excelente de ellas es el amor* (1 Corintios 13:8-10, 13).

Esta combinación triple de la fe, la esperanza y el amor, nos produce como resultado una "fuerza especial" en nuestra vida que garantiza nuestro triunfo sobre las pruebas del mundo:

> *Todo el que cree que Jesús es el Cristo, ha nacido de Dios, y todo el que ama al padre, ama también a sus hijos. Así, cuando amamos a Dios y cumplimos sus mandamientos, sabemos que amamos a los hijos de Dios. En esto consiste el amor a Dios: en que obedezcamos sus mandamientos. Y éstos no son difíciles de cumplir, porque todo el que ha nacido de Dios vence al mundo. Ésta es la victoria que vence al mundo: nuestra fe. ¿Quién es el que vence al mundo sino el que cree que Jesús es el Hijo de Dios?* (1 Juan 5:1-5).

¿Por qué mantener la fe? Porque es la diferencia entre el éxito y el fracaso, la victoria y la derrota, la paz y el caos, la confianza y el temor, la valentía y la cobardía, la vida y la muerte.

¿Por qué mantener la fe? Porque es la moneda del Reino de Dios, y sin ella no se negocia nada en el Reino.

¿Por qué mantener la fe? *¡Porque la fe garantiza que hay vida después de la prueba!*

Los principios del Reino

La valentía no es una ausencia de temor. La valentía es seguridad y convicción ante el temor. La valentía es creer en la vida más allá del obstáculo del temor.

La fe del Reino no elude los desafíos sino que los acepta como una parte vital y necesaria de la vida con fe.

La fe del Reino nos da el valor porque nos asegura que venceremos cualquier cosa que tengamos por delante.

La fe del Reino sólo está limitada por las limitaciones de Dios—y Él no tiene ninguna—.

Dios jamás da una visión ni siembra un sueño sin hacer provisiones para su cumplimiento.

CAPÍTULO 7

La fe más allá de la prueba, primera parte

"La fe es poner todos los huevos en la canasta de Dios y luego contar las bendiciones antes de que se rompa la cáscara de cada huevo". —Ramona C. Carroll

La fe del Reino garantiza que hay vida más allá de las pruebas. La fe, por tanto, es el poder más relevante que poseemos para vivir una vida abundante. La educación no es suficiente. Tener un doctorado no ayuda mucho durante los momentos de angustia. El solo aprendizaje a través de los libros es de poca ayuda para una vida que se derrumba. La única cosa que nos puede salvar en medio de la confusión y el caos es nuestra fe.

La fe crea una fuerte confianza para actuar, y nuestro nivel de confianza está directamente relacionado con el grado de fe que poseemos. La confianza es la actitud de una persona con enfoque positivo. Se requiere de fe para permanecer optimistas en medio de un ambiente negativo: la convicción de que lo negativo es sólo temporal y no refleja el panorama completo. Sólo una persona de fe verdadera puede sonreír frente al peligro. Sólo una persona de fe verdadera puede estar calmada en medio de la tormenta. Sólo una persona de fe verdadera puede mantener una actitud correcta en medio de la negatividad.

Por lo tanto, tal como lo hemos visto, nuestra fe se manifiesta mediante las pruebas que encuentra. Dicho de otro modo, las pruebas revelan la calidad y la profundidad de nuestra fe. Vanagloriarnos de nuestra fe no impresiona a nadie; nuestra fe se prueba en medio de los desafíos. Es por eso que Dios permite las pruebas. Las pruebas despiertan nuestra fe adormecida para que se vuelva activa y se manifieste así misma en cada área de nuestra vida. Jamás sabremos cuánta fe tenemos ni cuán sólida es, hasta el día en que sea puesta "a prueba."

Nuestra fe es tan fuerte como las pruebas que aguanta. Y recuerde, Dios no permitirá que seamos probados más allá de nuestra capacidad para vencer (ver 1 Corintios 10:13). Esto significa que Dios controla la medida de las pruebas. Sin embargo, al mismo tiempo debemos ser cuidadosos de no confundir las pruebas que Dios permite con las pruebas que nosotros nos ocasionamos. Existen muchas "falsas pruebas" o dificultades, las cuales son ocasionadas por nuestra propia desobediencia a Dios. Santiago, el hermano del Señor, explicó la diferencia de esta manera:

> *Dichoso el que resiste la tentación porque, al salir aprobado, recibirá la corona de la vida que Dios ha prometido a quienes lo aman.*

> *Que nadie, al ser tentado, diga: «Es Dios quien me tienta.» Porque Dios no puede ser tentado por el mal, ni tampoco tienta él a nadie. Todo lo contrario, cada uno es tentado cuando sus propios malos deseos lo arrastran y seducen. Luego, cuando el deseo ha concebido, engendra*

el pecado; y el pecado, una vez que ha sido consumado, da a luz la muerte.

Mis queridos hermanos, no se engañen. Toda buena dádiva y todo don perfecto descienden de lo alto, donde está el Padre que creó las lumbreras celestes, y que no cambia como los astros ni se mueve como las sombras (Santiago 1:12-17).

Santiago deja clara la diferencia entre los sufrimientos y las tentaciones. En este caso, los sufrimientos son las pruebas que nos llegan como parte de la vida y que Dios permite para probar y madurar nuestra fe. Las tentaciones son las pruebas y las dificultades que nosotros nos ocasionamos debido a nuestras acciones y decisiones pecaminosas o necias —las consecuencias naturales de nuestras decisiones inapropiadas—. Si no se controlan, estas desobediencias traerán destrucción a nuestra vida. Acarrean deterioro e impiden el crecimiento de nuestra fe.

De modo que, examínese a sí mismo para asegurarse de no crearse un problema debido a un comportamiento equivocado antes de identificar el desafío o dificultad en su vida como una prueba de Dios. Si ese es el caso, el camino adecuado a seguir es la confesión y el arrepentimiento. No se sienta "noble" por aguantar ante una prueba que causó usted por su propio pecado. Humíllese ante Dios, confiese su pecado y aférrese al perdón de Dios.

Nuestra capacidad de discernir la fuente de las pruebas en nuestra vida es crítica para poder vivir exitosamente más allá de las pruebas. Las pruebas "auto-inducidas" nos derriban mientras que las pruebas que permite Dios nos edifican y fortalecen nuestra fe —si lo permitimos—.

La fe en el poder de Dios, no en nuestro desempeño

La fe que funciona correctamente es la fe ubicada en donde debe estar. Es decir, el objeto de nuestra fe—sabiendo quiénes somos y qué creemos—, hace toda la diferencia entre el éxito o el fracaso y entre la vida o la muerte. La fe para vivir más allá de las pruebas—la fe del Reino— se fortalece mediante la convicción *en el poder de Dios*. He dicho esto varias veces antes, pero vale la pena decirlo otra vez porque es muy importante. Muchos creyentes, hoy en día, están orientados al "desempeño eficiente de su trabajo" y viven centrados en el entretenimiento de sus capacidades, creyendo que la fortaleza y continuidad de su fe depende de *"ver* a Dios *haciendo* algo maravilloso" en su vida o en la vida de las personas cercanas a ellos. Se confunden o dudan y su fe flaquea, si Dios deja de actuar de una forma visible o palpable.

La manera para evitar esta trampa del engaño de sí mismo y la fe fingida es asegurarnos que no depositamos nuestra fe en las obras de Dios sino en el hecho que Dios tiene el poder—y el derecho— para hacer cualquier cosa. Aún si Dios no siempre actúa de la forma que esperamos, todavía debemos confiar en Él y en su poder. Dios tiene el poder para hacer *y* el poder para *no* hacer. Tiene el poder para ayudar o no ayudar, y a veces lo olvidamos. Nuestra fe debe estar en Dios y en su poder porque su poder es más importante que sus obras. Sólo porque el poder de Dios no se manifiesta de una manera visible y palpable no quiere decir que su poder no está presente.

La fe en Dios (no en su poder) nos coloca en la posición correcta. Jesús rechazó resueltamente las peticiones de realizar una señal para "demostrar" quién era Él porque tal petición revelaba que no había una fe verdadera. Y donde falta fe, no se manifiesta el poder de Dios. Mateo 13:58 dice que cuando Jesús visitó su ciudad natal de Nazaret *"...por la incredulidad de ellos, no hizo allí muchos milagros"*. Estaba presente el poder del milagro pero lo detuvo la incredulidad de la gente. Su falta de fe los aisló del acceso al poder de Dios que realiza los milagros.

Así que Dios tiene el poder de actuar o no actuar, según su soberanía. La fe del Reino no depende de *ver* a Dios actuar. La fe del Reino confía en Dios, ya sea que Él actúe o no. *La fe del Reino cree en medio del silencio de Dios.*

Abraham es un ejemplo perfecto. Dios le prometió un hijo cuando Abraham tuvo setenta y cinco años. Tenía cien años cuando nació Isaac. Abraham esperó veinticinco años para el cumplimiento de la promesa de Dios. ¿Cuánto tiempo está usted dispuesto a esperar? Abraham tuvo fe por veinticinco años porque confió en Dios que le dio la promesa. Supo que la palabra de Dios era fiable, y Dios lo bendijo en consecuencia. Pablo lo explicó de esta manera:

> *Contra toda esperanza, Abraham creyó y esperó, y de este modo llegó a ser padre de muchas naciones, tal como se le había dicho: « ¡Así de numerosa será tu descendencia!» Su fe no flaqueó, aunque reconocía que su cuerpo estaba como muerto, pues ya tenía unos cien años, y que también estaba muerta la matriz de Sara. Ante la promesa de Dios no vaciló como un incrédulo, sino que se reafirmó en su fe y dio gloria a Dios, plenamente convencido de que Dios tenía poder para cumplir lo que había prometido. Por eso se le tomó en cuenta su fe como justicia* (Romanos 4:18-22).

No es de extrañar que a Abraham se le llame el "padre de la fe". Creyó por veinticinco años en un bebé que jamás vio. La fe es lo que nos mantiene confiados en medio de la prueba. La fe de Abraham nunca flaqueó con relación a la promesa de Dios a pesar del largo tiempo de espera. De hecho, entre más tiempo esperó Abraham, más sólida se volvió su fe. ¿Qué mantuvo viva su fe? Abraham estaba *"plenamente convencido de que Dios tenía poder para cumplir lo que había prometido"*. Estaba convencido sin lugar a dudas del poder de Dios para respaldar su promesa.

Una de las mayores fuentes de nuestra debilidad como creyentes es nuestra tendencia a depositar nuestra fe en el poder que *poseemos nosotros mismos*. Es por eso que Dios quizás nos muestra a veces nuestra incapacidad. Recordemos lo que le pasó a Pedro. Apenas se glorió de su "capacidad" sufrió una derrota humillante. Sólo fue hasta que Pedro se desengañó completamente de tener confianza en sí mismo cuando pudo aferrar su fe totalmente en el Señor y encontrar el poder para salir bien de cualquier prueba. De la misma manera, Dios le prometió un hijo a Abraham. Abraham y Sara eran ancianos y ya habían pasado hace mucho la edad para engendrar. No tenían nada con lo cual cumplir la necesidad de Abraham de un heredero. Sencillamente no ocurriría a menos que Dios mantuviera su promesa. Así que Abraham creyó en Dios sin flaquear, por veinticinco años, y vio cumplida la promesa.

Dios hará lo que sea para llevarnos al lugar de dependencia total en Él, para nuestro propio bienestar. Si es necesario, nos reducirá a lo ínfimo para que confiemos, no en lo que podemos lograr por nuestra cuenta, sino en lo que Él dijo que haría y continuemos confiando en Él sin reparar en el tiempo que desee tomarse para enseñarnos.

La fe del Reino es "imparable"

Una vez comencemos a entender la naturaleza real y el poder de la fe del Reino (o, más bien, de Aquel en quien depositamos nuestra fe), nos damos cuenta que la fe del Reino es imparable. Ningún poderío, filosofía, gobierno ni autoridad de origen humano puede detener a quienes confían en el Señor. La elocuencia de Pablo al explicar esta verdad no tiene par:

> *Ahora bien, sabemos que Dios dispone todas las cosas para el bien de quienes lo aman, los que han sido llamados de acuerdo con su propósito. Porque a los que Dios conoció de antemano, también los predestinó a ser transformados según la imagen de su Hijo, para que él sea el primogénito entre muchos hermanos. A los que predestinó, también los llamó; a los que llamó, también los justificó; y a los que justificó, también los glorificó.*
>
> *¿Qué diremos frente a esto? Si Dios está de nuestra parte, ¿quién puede estar en contra nuestra? El que no escatimó ni a su propio Hijo, sino que lo entregó por todos nosotros, ¿cómo no habrá de darnos generosamente, junto con él, todas las cosas? ¿Quién acusará a los que Dios ha escogido? Dios es el que justifica. ¿Quién condenará? Cristo Jesús es el que murió, e incluso resucitó, y está a la derecha de Dios e intercede por nosotros. ¿Quién nos apartará del amor de Cristo? ¿La tribulación, o la angustia, la persecución, el hambre, la indigencia, el peligro, o la violencia? Así está escrito: «Por tu causa siempre nos llevan a la muerte; ¡nos tratan como a ovejas para el matadero!». Sin embargo, en todo esto somos más que vencedores por medio de aquel que nos amó* (Romanos 8:28-37).

Dios nos justificó a través de Cristo. La palabra *justificar* es un término legal. Solamente el único "Justo" podía justificarnos ante Dios, muriendo en la Cruz. Recordemos que estamos hablando de un Reino y un gobierno donde Dios es el Rey. La justificación tiene que ver con los derechos legales de quienes tienen una deuda pendiente. Ser justificado por Dios significa que Él nos otorga los derechos legales como sus hijos y ciudadanos de su Reino por la redención de Cristo. Dios nos justifica legítimamente por medio de la redención en la cruz. Pablo dice, siendo este el caso, cuál debe ser nuestra respuesta. Luego formula una serie de preguntas retóricas.

"Si Dios está de nuestra parte, ¿quién puede estar en contra nuestra?" Nadie. La fe del Reino es imparable.

"El que no escatimó ni a su propio Hijo, sino que lo entregó por todos nosotros, ¿cómo no habrá de darnos generosamente, junto con él, todas las cosas?". Él lo hará. Y lo que Dios da, ningún hombre lo puede quitar. La fe del Reino es imparable.

"¿Quién acusará a los que Dios ha escogido?". Nadie. Dios ya nos justificó, y ya no hay condenación para los que están en Cristo (ver Romanos 8:1). La fe del Reino es imparable.

"¿Quién condenará?". Nadie. La única persona que lo podría hacer es Jesucristo y Él no lo hará, porque Él murió para salvarnos de la condenación. En lugar de condenarnos, Él intercede por nosotros ante su Padre en el Cielo. La fe del Reino es imparable.

"¿Quién nos apartará del amor de Cristo?". Nadie. Su amor es eterno y alcanza los rincones más apartados de la creación y más allá. La fe del Reino es imparable.

"¿La tribulación, o la angustia, la persecución, el hambre, la indigencia, el peligro, o la violencia?". No. Ninguna de estas cosas nos puede separar del amor de Cristo. De hecho, por medio de la fe, estas cosas nos acercan más a Él. La fe del Reino es imparable.

No es de extrañar que con todas estas cosas a nuestro favor, Pablo declare: *"en todo esto somos más que vencedores por medio de aquel que nos amó".* La fe del Reino es imparable.

Nada puede separarnos del amor de Dios, ni siquiera los sufrimientos, las dificultades ni la persecución. Y como nada puede separarnos del amor de Dios, nada puede separarnos de su poder que obra en y a través de nuestra vida. Quizás pasemos por algunos sufrimientos, por un poco de dificultad, o por un período de persecución. Pero todo esto forma parte del proceso de Dios de llevarnos a la madurez.

Dios permite a veces que pasemos por dificultades con el fin de sacar a otros de sus apuros. Nuestro desafío es ayudarles a aprender cómo manejar las pruebas. Pablo y Silas soportaron una azotaina pública y el encarcelamiento en Filipos por una noche antes de que Dios enviara un terremoto para liberarlos. Como consecuencia, muchos presos fueron liberados y el carcelero y su familia se convirtieron en creyentes de Cristo. Dios permite que pasemos por tribulaciones para que cuando lleguemos al otro extremo llevemos a muchas personas con nosotros. La fe del Reino es imparable.

Dos tipos de fe

Hay dos tipos de fe en el Reino de Dios: la fe que usted deposita *en el cumplimiento de las promesas de Dios,* y la fe que usted mantiene en medio de sus sufrimientos. Ambas formas son legítimas, pero la segunda representa un nivel de confianza más profundo y maduro que la primera. La fe en las promesas define el nivel de la mayoría de los creyentes y ciudadanos del Reino. Estas son las personas a las que les encanta servir a Dios y creer en Él por lo que se pueden beneficiar de esas promesas. Mientras algunos pueden "creer" desde un marco de hipocresía interesada, la mayoría son motivados por el deseo de "recibir las bendiciones" que Dios prometió para quienes lo aman y le sirven. No hay nada malo en este nivel elemental de la fe porque Dios de hecho hizo muchas promesas preciosas a su pueblo y no hay nada malo con desearlas. Sin embargo, la fe se madura cuando está fundamentada en los sufrimientos.

Uno de los principales inconvenientes para la fe que se centra en las promesas de Dios es el de caer muy fácil en la actitud de esperar que se cumplan esas promesas según nuestro programa de vida, y la mayoría de nosotros tendemos a impacientarnos muy rápido cuando las respuestas no llegan. ¿Qué sucede si la promesa no se cumple en el tiempo o la manera que esperamos? ¿Aún así tenemos fe en Dios? O ¿nos llevamos las manos a la cabeza frustrados y decimos "Bueno, creo que la fe no funciona"? Nuestra fe en Dios jamás debe ser condicional con base a las promesas que Él nos ha hecho. Las promesas son como la crema que corona la torta; le agregan una dulzura de más a las cosas maravillosas que Dios ya hizo por nosotros en Cristo. La relación íntima con Dios es mucho mejor que poseer sus bendiciones. ¿No prefiere usted tener la Fuente de todos los regalos que sólo los regalos? ¿No prefiere usted conocer al "Dador" en lugar de estar satisfecho sólo con los regalos que Él da?

La segunda clase de fe (que es más profunda) es la que está sustentada *en* los sufrimientos, es decir, la que permanece inalterable *en medio de los* sufrimientos y las dificultades. Este es el tipo de fe del que hemos estado hablando a lo largo de este libro. La fe del Reino es siempre de este tipo. Una cosa es creer porque se cumplen las promesas, y otra cosa es continuar creyendo cuando todo parece desmoronarse. Cualquiera puede tener fe cuando recibe un beneficio. Cualquiera puede tener fe cuando él o ella tienen un empleo fijo. Cualquiera puede tener fe cuando todo parece ir en la forma esperada. Pero… ¿y qué si usted pierde su empleo? ¿Si le niegan el ascenso por las relaciones de poder en la oficina o por favoritismo? ¿Si se incendia su casa con todo en ella? ¿Si se muere un hijo de una enfermedad o por un accidente?

Estos son los tipos de desafíos a los cuales estamos expuestos. ¿Puede usted mantener la fe pase lo que pase? No podrá mantenerla si su fe se centra solamente en las promesas. Usted espera bendiciones, pero le llega el desastre. Usted espera invertir para tener mayor prosperidad, pero en lugar de eso experimenta un revés financiero repentino. Es por eso que necesitamos una fe superior a la fe que está colocada en las promesas. Necesitamos una fe que aborde los sufrimientos; una fe que camine por entre el foso de los leones y en medio de un horno en llamas; una fe que afronte un gigante diez veces más grande que nosotros; una fe que inspire una canción en medio de una cárcel. Se requiere de una fe que vaya más allá de esperar "regalos del Cielo" todo el tiempo para vivir exitosamente sin importar las pruebas. Se requiere de fe para mantenerse firmes aún cuando esto sea difícil, y mucho más para creer cuando esto parezca imposible. La fe que sobrevive a las pruebas es la fe que dice con Job: *"Aunque él me mate, seguiré esperando en él"* (Job 13:15a).

La fe sin la vista

La fe en medio de los sufrimientos significa confiar en Dios aún cuando el resultado no lo podamos ver. Así como Pablo le escribió a los creyentes de Corinto: *"Por eso mantenemos siempre la confianza, aunque sabemos que mientras vivamos en este cuerpo estaremos alejados del Señor. Vivimos por fe, no por vista"* (2 Corintios 5:6-7). Debemos mantener la confianza en Dios aún cuando no podamos verlo todo. Si estuviéramos en el Cielo podríamos ver toda nuestra existencia desde el principio hasta el fin. Pero no es así; estamos en la tierra en medio de nuestra vida terrenal, lo que significa que no podemos ver el panorama en conjunto. En consecuencia, debemos confiar en Dios que *sí* ve el panorama completo. Esto requiere que caminemos por lo que creemos, no por lo que vemos, confiando todo el tiempo lo que no podemos ver en las manos de Aquel que ve y conoce todo. *La fe del Reino es creer que ninguna circunstancia es permanente ni definitiva aquí en la tierra sino que está bajo la jurisdicción final del Rey del Reino.*

Permítame explicarlo de otra manera. Piense en un ratón que trata de moverse dentro de un laberinto en un laboratorio. El ratón está en un extremo del laberinto, y hay un pedazo de queso en el otro. Un científico está observando todos los movimientos del ratón por fuera del laberinto. El científico es de alguna forma como Dios; puede ver el laberinto completo y sabe exactamente lo que el ratón debe hacer para alcanzar el queso. Puede ver cada giro que debe hacer el ratón. Sin embargo, el ratón sólo puede ver una pequeña parte del laberinto a la vez. El camino que es claro para el científico es un misterio para el ratón. Éste debe avanzar gradualmente por el laberinto, paso a paso, descubriendo la siguiente parte del camino a medida que completa el actual. El camino sólo se conocerá completamente al final, cuando el ratón llega donde está el queso.

Dios es más que el científico que observa a un ratón en el laberinto. Él es nuestro Padre amoroso que nos dice: "Puedo ver el panorama en conjunto, y tú no; así que camina según lo que te he revelado hasta hoy, y confía en mí para que te muestre a dónde ir después". Vivir por fe significa confiar que Dios nos ayudará a superar los sufrimientos aún cuando nuestra situación parezca desesperada. Él nos abrirá el camino cuando ningún camino parezca posible. Así que no se deje llevar por el pánico cuando no entienda lo que le sucede. Dios entiende y Él está en control. ¿Quiere tener paz en medio de los sufrimientos? Aprenda a decir: "No sé, pero Dios sí sabe".

Jesús dijo: *"No se angustien. Confíen en Dios, y confíen también en mí"* (Juan 14:1). ¿Por qué? Porque Él ve el panorama en conjunto. Estamos a veces al borde de conseguir un gran adelanto pero no lo podemos ver porque aún hay un muro delante de nosotros. Sólo dos giros más y llegamos, pero ahí es donde renunciamos. En definitiva, los únicos que jamás lo lograrán son lo que renuncian antes del final. No se detenga; siga confiando en el Señor y llegará a la meta. Al final, la carrera no la terminan los que son veloces, ni los fuertes, sino los que siguen pase lo que pase.

La declaración de Pablo de que vivamos por fe y no por la vista es otra manera de afirmar la sabiduría del siguiente proverbio: *"Confía en el Señor de todo corazón, y no en tu propia inteligencia. Reconócelo en todos tus caminos, y él allanará tus sendas"* (Proverbios 3:5-6). Nuestro conocimiento es limitado, nuestra visión es incompleta. Si tratamos de tomar parte en la carrera por nuestra cuenta terminaremos cayendo en un barranco. La única manera de permanecer en la carrera y de seguir el curso es confiar en el Señor para que nos muestre el camino correcto.

Una ventaja de caminar por fe es estar dispuestos al autoexamen, lo cual es otra clase de prueba. Las personas exitosas se auto examinan, reconocen sus faltas, se enfrentan a los nuevos desafíos y a los nuevos niveles de exigencia para ver cómo están avanzando. La única forma de robustecernos es haciendo ejercicio, exigiéndonos al máximo más allá de donde hemos estado antes. Con la fe no es diferente. Pablo le dijo a los corintios: *"Examínense para ver si están en la fe; pruébense a sí mismos. ¿No se dan cuenta de que Cristo Jesús está en ustedes? ¡A menos que fracasen en la prueba!"* (2 Corintios 13:5). Es decir, póngase a prueba si quiere saber si tiene fe. Póngase a prueba si quiere determinar la profundidad o la fortaleza de su fe. Examine su comportamiento y decida cuánto puede sobrellevar.

Según Pablo, la manera correcta para saber si Cristo está en usted es mediante las pruebas que usted llega a superar. Siempre desarrollamos fortaleza cuando salimos de las pruebas más difíciles. Mientras más difícil la prueba, mayor será la fortaleza de su fe. De hecho, Pablo dice: "Vaya por la vida, recoja las cosas que nadie recoge y póngase a prueba para ver si las puede manejar. Si es así, esto demuestra que Cristo habita en usted". En esto consiste la abundancia de la vida cristiana y de la fe del Reino. La fe del Reino es la fe que no le teme a las pruebas. En realidad, este tipo de fe es el que hace que lleguen las pruebas y no nos destruyan. De hecho, la fe se prueba a sí misma. Es por eso que no debemos temerle a las pruebas ni a los sufrimientos sino recibirlos como oportunidades para crecer, purificar y probar nuestra fe. Cada prueba que aguantamos nos hace un poco más fuertes y nos acerca un poco más a la madurez que Dios quiere para nosotros como sus hijos que fuimos concebidos para gobernar con él en su Reino.

La fe del Reino aguanta

La fe del Reino es imparable porque se aferra al Dios eterno y omnipotente. Esto significa que la *fe del Reino durará para siempre, sobrevivirá a todo sufrimiento y pasará toda prueba*. Quizás no encontremos un mejor ejemplo que la experiencia de Job en las Escrituras, cuando consideremos la naturaleza duradera de la fe. Ya hemos hablado de él en este libro pero vale la pena volver a mencionarlo porque su vida representa una lección muy poderosa y esperanzadora para nosotros. ¿Cuánto tiempo puede aguantar su fe? ¿Puede pasar por lo que atravesó Job y mantenerse firme al otro lado?

Job fue el hombre más rico y próspero de su época, rico en familia, prosperidad y posesiones. También fue un hombre de fe que le rindió culto constantemente a Dios. Sus problemas comenzaron por un reto que surgió en el Cielo.

—¿Te has puesto a pensar en mi siervo Job? —volvió a preguntarle el Señor—. No hay en la tierra nadie como él; es un hombre recto e intachable, que me honra y vive apartado del mal. Satanás replicó:

— ¿Y acaso Job te honra sin recibir nada a cambio? ¿Acaso no están bajo tu protección él y su familia y todas sus posesiones? De tal modo has bendecido la obra de sus manos que sus rebaños y ganados llenan toda la tierra. Pero extiende la mano y quítale todo lo que posee, ¡a ver si no te maldice en tu propia cara!

—Muy bien —le contestó el Señor—. Todas sus posesiones están en tus manos, con la condición de que a él no le pongas la mano encima.

Dicho esto, Satanás se retiró de la presencia del Señor (Job 1:8-12).

Satanás le quitó a Job su riqueza y sus hijos a través de una serie rápida de desastres que lo dejaron desprovisto y desvalido de todo. ¿Cómo respondería usted si de repente perdiera todo? ¿Respondería de la misma forma que lo hizo Job? Job probó su temple ante el desastre; mostró de qué estaba hecho:

Al llegar a este punto, Job se levantó, se rasgó las vestiduras, se rasuró la cabeza, y luego se dejó caer al suelo en actitud de adoración. Entonces dijo: «Desnudo salí del vientre de mi madre, y desnudo he de partir. El Señor ha dado; el Señor ha quitado. ¡Bendito sea el

*nombre del Señor!» A pesar de todo esto, Job no pecó
ni le echó la culpa a Dios* (Job 1:20-22).

Job no se quejó. A*doró* a Dios durante el tiempo en que afrontó la más grande calamidad de su vida. La mayoría de nosotros lloraría, se quejaría y cuestionaría a Dios en circunstancias similares, al estar confundidos por lo que nos ha ocurrido. Después de todo, ¿no se supone que Dios nos colme de bendiciones y prosperidad todo el tiempo? Esta es la mentalidad de muchos que asisten a la iglesia de hoy, debido a una enseñanza desequilibrada que nos dice que sólo debemos esperar las bendiciones de Dios y nunca las dificultades. Esta no es una actitud nueva; hasta los tres amigos de Job asumieron que sus problemas se debían a sus pecados. No podían aceptar la idea de que un Dios justo enviaría o permitiría que tal dificultad afligiera a uno de sus hijos.

Job demostró tener la fe del Reino, la fe que aguanta. Perdió todo pero aún así adoró a Dios porque su fe no estaba puesta en las cosas que le había dado sino en el Dios que se las había dado. Job sabía que no debía depositar su fe en las bendiciones porque estas son pasajeras. Entendió que una casa y una finca, las ovejas, las cabras y los asnos eran todos "provisionales"; que hasta una familia—la esposa y los hijos—eran temporales. Job sabía que Dios era el dueño de todo, y así como Dios tiene el derecho y la autoridad de dar, también tiene el derecho y la autoridad de quitar. Todo lo que Job tenía le pertenecía a Dios y Él podía darlo o quitarlo, como decidiera. La frase de Job es famosa hoy todavía: "Dios me lo dio, Dios me lo quitó. Bendito sea el nombre de Dios".

¿Ha alcanzado usted ese lugar en su fe? ¿Su fe podría soportar perderlo todo? Si Dios permitiera que lo despojaran de todo lo que tiene, ¿aún lo adoraría? ¿Creería y seguiría a Dios si jamás le diera otra bendición en esta tierra? Esa es la fe del Reino, la fe que aguanta, la fe que cambia todo. Si su fe en Dios se basa en lo que tiene, perderá su fe si pierde lo que tiene. La fe del Reino confía completamente en Dios y se aferra a las "cosas" con un apretón ligero.

Fíjese también que Job no culpó a Dios por sus problemas. *"Job no pecó ni le echó la culpa a Dios"*. ¿Con qué frecuencia culpamos a Dios cuando las cosas salen mal? ¿Cuántas veces ha culpado a Dios por lo que ocurre en su vida? "Señor, ¿por qué permite que ocurra esto? ¿Qué hice para merecer esto? ¿Por qué me hace esto?". Nuestra tendencia de acusar a Dios con frecuencia es el resultado del hecho que en lo más recóndito de nuestro ser no estamos realmente convencidos que Dios en realidad nos ama ni que podemos confiar en Él. Esto viene de una duda que es tan antigua como el Edén cuando Satanás tuvo éxito en hacer que Adán y Eva dudaran de la bondad de Dios.

Dios es bueno todo el tiempo y nos ama con un amor eterno. Jamás lo culparemos por cualquier cosa que ocurra cuando estemos convencidos de esta verdad. Más bien, confiaremos en su amor y bondad y esperaremos en fe la realización de un propósito superior del que podemos ver en el momento. Job no condicionó su fe a la naturaleza y carácter del Dios de quién sabía que era recto y justo.

La fe es fe, pase lo que pase

Job pasó la primera prueba de la fe. Satanás insistió que Job le servía a Dios sólo por las bendiciones que recibió de Dios. Job siguió adorando a Dios en todo caso cuando Él le permitió a Satanás quitarle la riqueza y la prosperidad. El primer asalto de la competencia fue a favor de Job. De modo que Satanás intentó de nuevo.

—¿Te has puesto a pensar en mi siervo Job? —volvió a preguntarle el Señor—. No hay en la tierra nadie como él; es un hombre recto e intachable, que me honra y vive apartado del mal. Y aunque tú me incitaste contra él para arruinarlo sin motivo, ¡todavía mantiene firme su integridad!

—¡Una cosa por la otra! —replicó Satanás—. Con tal de salvar la vida, el hombre da todo lo que tiene. Pero extiende la mano y hiérelo, ¡a ver si no te maldice en tu propia cara!

—Muy bien —dijo el Señor a Satanás—, Job está en tus manos. Eso sí, respeta su vida.

Dicho esto, Satanás se retiró de la presencia del Señor para afligir a Job con dolorosas llagas desde la planta del pie hasta la coronilla. Y Job, sentado en medio de las cenizas, tomó un pedazo de teja para rascarse constantemente.

Su esposa le reprochó: —¿Todavía mantienes firme tu integridad? ¡Maldice a Dios y muérete!

Job le respondió: —Mujer, hablas como una necia. Si de Dios sabemos recibir lo bueno, ¿no sabremos también recibir lo malo?

A pesar de todo esto, Job no pecó ni de palabra (Job 2:3-10).

Satanás sostuvo que un hombre sólo mantendría su integridad y fe en Dios mientras que la calamidad no lo tocara personal ni físicamente; y si tocara su cuerpo con aflicción, este abandonaría su fe como un novato bravucón. Así que Dios le permitió a Satanás poner a prueba a Job una segunda vez, ahora atacando su salud. Satanás afligió a Job con llagas sangrientas llenas de pus de pies a cabeza, no sólo para afligirlo con gran dolor y miseria sino para hacerlo repulsivo a la vista. Pero aún en esto, Job mantuvo su fe e integridad y se rehusó a culpar a Dios. Aún cuando su esposa, que evidentemente no entendía la fe del Reino, le dijo que renunciara a su integridad... *¡maldice a Dios y muérete!*, Job contestó: *"Si de Dios sabemos recibir lo bueno, ¿no sabremos también recibir lo malo?"*.

Esta es una actitud clave para la fe del Reino. Debemos estar listos para aceptar las cosas malas de la vida junto con las buenas y continuar confiando en Dios de todas formas. ÉL permite las pruebas en nuestra vida no para quebrantarnos sino para hacernos crecer en la paciencia. Dios permite que seamos probados—no porque quiere vernos fracasar— sino porque Él sabe que tenemos la fe para aguantar. Pero no lo sabemos a veces y no lo sabremos hasta que lo veamos por nuestra experiencia durante un período de prueba.

Así como con Job, *las personas con la fe del Reino mantienen su integridad aún ante las pruebas.* La integridad significa ser completamente fiel; ser uno consigo mismo; una unidad, indiviso en espíritu, alma y cuerpo. Las personas íntegras dicen lo que quieren decir y quieren decir lo que dicen. Su comportamiento es acorde con sus palabras y es el mismo, ya sea que estén solos o con otros. Todas sus relaciones e interacciones con otras personas se caracterizan por la transparencia y la honestidad. ¿Se puede decir todo esto de usted? ¿Es usted un hombre o una mujer de fe totalmente equilibrado que cree en Dios pase lo que pase, que confía en Él en los malos momentos como en los buenos, y que le sirven aún si pierde todo?

La fe del Reino no flaquea ante lo bueno ni ante lo malo. La fe del Reino puede manejar los buenos momentos así como los difíciles. La fe del Reino es estable. No importa lo que pase. Algunas personas no pueden sobrellevar el éxito. El fracaso a veces es algo bueno para nosotros porque nos enseña a no depender en gran medida en nuestra sabiduría, aptitudes ni recursos. El fracaso nos enseña la humildad y nos ayuda a ver la necesidad de confiar en Dios en lugar de confiar en nosotros mismos. Nos da miedo el fracaso porque pensamos en este como una condición permanente. El fracaso es un revés pasajero que puede servir para desarrollar nuestra fe a fin de que seamos más sabios que cuando empezamos.

La fe del Reino no busca problemas pero tampoco le huye a estos. La fe del Reino le da la cara a los problemas y aguanta a pesar de las circunstancias, confiando en la victoria, porque su confianza está en el Dios que no falla. La fe del Reino es la fe que vence al mundo.

Los principios del Reino

Nuestra capacidad de discernir la fuente de las pruebas en nuestra vida es crítica para poder vivir exitosamente más allá de las pruebas.

La fe para vivir más allá de las pruebas—la fe del Reino— se fortalece mediante la convicción en el poder de Dios, no en sus obras.

La fe en medio de los sufrimientos significa confiar en Dios aún cuando el resultado no lo podamos ver.

La fe del Reino es creer que ninguna circunstancia es

permanente ni definitiva sino que está bajo la jurisdicción final del Rey del Reino.

La fe del Reino durará para siempre, sobrevivirá a todo sufrimiento y pasará toda prueba.

Considere la pregunta de Job: "Si de Dios sabemos recibir lo bueno, ¿no sabremos también recibir lo malo?"

Las personas con la fe del Reino mantienen su integridad aún ante las pruebas.

CAPÍTULO 8

La fe más allá de la prueba, segunda parte

*"La fe hace posible las cosas; no
las hace fáciles"*—Autor desconocido

La fe es indispensable para la vida en el Reino de Dios, así como la comida, el agua y el dinero son necesarios para la vida en la tierra. Necesitamos comida y agua para sustentar nuestra vida física, y el dinero para comprar lo que necesitamos. Recordemos que la fe es la moneda del Reino de Dios y no podemos negociar en el Reino sin ella. Es por eso que las Escrituras dicen: *"El justo vivirá por la fe"* (Romanos 1:17b). La fe del Reino—la fe en Cristo— es nuestro alimento, nuestra agua y nuestra moneda espiritual. Después de todo, Jesucristo es el *"el pan de vida"* (Juan 6:35). Él es la fuente de *"agua viva"* (Juan 7:38). La fe en Él (el dinero del Reino) nos da acceso ilimitado a las riquezas y recursos del Cielo, porque *"Para el que cree, todo es posible"* (Marcos 9:23b).

Así que, ¿es usted rico o pobre? Los pobres en cualquier país son los que tienen poco dinero o no tienen nada. También tienen poco poder e influencia porque carecen del medio para negociar. Cuanto más dinero tenga, mayor es la influencia que tiene y más significativa es la diferencia que puede hacer. Es por eso que muchos ricos se vuelven filántropos y establecen fundaciones caritativas y organizaciones benéficas. Sienten una obligación moral de devolverle algo a la sociedad y emplear su dinero para el bien. La fe tiene este mismo valor para nuestra vida como ciudadanos del Reino. No podemos vivir en el Reino sin la fe, más de lo que podemos vivir en nuestro país terrenal sin dinero.

¿Qué tan buena es su moneda?

La riqueza se mide por el valor de su moneda. Si la moneda de un gobierno pierde su valor, no importa cuánto dinero tenga. La economía de Alemania colapsó en los años inmediatamente posteriores a la Primera Guerra Mundial. El valor del marco alemán cayó en picada. Los alemanes antiguamente acaudalados de repente se encontraron sin un centavo y los miles o incluso millones de marcos en su posesión ni siquiera valían el costo del papel donde estaban impresos. Algo similar ha ocurrido en nuestros días con el país de Zimbawe.

La fuente de nuestra riqueza determina la calidad de la misma. Lo mismo ocurre con la fe. *La fuente de nuestra fe determina la calidad de la misma.* Es decir, nuestra fe es únicamente valiosa por la confiabilidad de su fuente. Si nuestra fe está en el dinero, entonces nuestra fe durará mientras tengamos dinero. Algunas personas se suicidan después de sufrir un revés financiero. La pérdida de su dinero los condujo a la pérdida de la fe, lo cual los llevó a la pérdida de esperanza. Sin esperanza sintieron que no valía la pena vivir. Fracasaron cuando llegó la prueba porque habían aferrado su fe a una fuente poco confiable.

¿Cuál es la fuente de su fe? ¿En quién o en qué confía? ¿Es su fuente fiable? ¿Soportará la prueba del tiempo y más allá? La calidad de nuestra fe es sólo tan buena como la calidad de su fuente, de modo que asegúrese de tener la fuente *correcta*.

La fe siempre requiere un objeto: algo o alguien en quién creer. *El objeto de nuestra fe determina la cantidad o el tamaño de ella.* El tamaño de nuestra fe no puede exceder el tamaño de su objeto. Si deseamos la fe con un potencial ilimitado, necesitamos un objeto con una capacidad ilimitada en el cual depositar nuestra fe. Estamos actualmente en medio de una recesión económica mundial. Millones de personas han perdido sus casas, sus trabajos y sus ahorros. Las empresas han hecho recortes de personal o se han declarado en la bancarrota. Los bancos se han quebrado. Muchos propietarios de casas con hipotecas con altos niveles de riesgo de pago han incumplido sus pagos y han enviado a las sociedades de crédito hipotecario a una profunda crisis financiera. Una actitud general de pánico económico prevalece en todos los niveles de la sociedad. ¿Por qué? Porque justo lo que la mayoría de personas asumieron que podían confiar—la estructura económica de la sociedad, incluyendo la bolsa y el sistema bancario— probó no ser tan fiable como pensaron. Si los cimientos tambalean, cualquier cosa que se apoye sobre esos cimientos tambalea. Es por eso que debemos colocar nuestra fe en algo que no se pueda derrumbar.

La seguridad es una de las necesidades comunes de todas las personas. Todos anhelamos un sentido de seguridad en la vida teniendo confianza de que hemos construido nuestra vida sobre algo en lo que podemos confiar. *Nuestra fe es tan segura como su objetivo.* No ponga su fe en un empleo; los empleos se pueden acabar. No ponga su fe en un banco; los bancos se pueden quebrar. No ponga su fe en el gobierno; los gobiernos pueden cambiar. No ponga su fe en un pastor; él lo desilusionará con el tiempo de una forma u otra. No ponga su fe en las señales, prodigios ni milagros; estos son provisionales.

Aprendí esta lección hace muchos años, la cual me ha ayudado a superar muchas situaciones difíciles: "Uno jamás será defraudado en lo que nunca ha esperado." El rey David dijo: *"En ti, oh Jehová, he confiado; no sea yo confundido jamás; líbrame en tu justicia"* (Salmos 31:1 RV). David aprendió que el Señor Dios es el único objeto confiable de la fe. Las personas fallan y las cosas se acaban; sólo Dios es eterno e inalterable. Aunque la confianza entre las personas es indispensable para tener relaciones exitosas, jamás debemos depositar nuestra confianza definitiva en otra persona. Sólo Dios merece nuestra fe. Nuestra fe es tan segura como su objetivo. Deposite su fe en Dios y jamás será desilusionado.

De modo parecido, *la estabilidad de nuestra fe depende de la estabilidad de su objeto.* Es decir, si el objeto de nuestra fe es estable, nuestra fe será estable; si el objeto se tambalea, nuestra fe también se tambalea. Y una fe que se tambalea colapsará ante la crisis. Hemos visto en los últimos meses a millones de personas por todo el mundo que depositaron su confianza en las "acciones de la bolsa internacional" y su fe fue severamente estremecida. Ninguna institución del ser humano es tan confiable como la fuente o el objeto de nuestra fe. Debemos ver más allá de lo natural para encontrar estabilidad. Jesús suministró la mejor ilustración de todas en relación con la importancia de un cimiento estable para construir una fe estable que sobrevive a las pruebas:

>*»¿Por qué me llaman ustedes "Señor, Señor" , y no hacen lo que les digo? Voy a decirles a quién se parece todo el que viene a mí, y oye mis palabras y las pone en práctica: Se parece a un hombre que, al construir una casa, cavó bien hondo y puso el cimiento sobre la*

> *roca. De manera que cuando vino una inundación, el*
> *torrente azotó aquella casa, pero no pudo ni siquie-*
> *ra hacerla tambalear porque estaba bien construida.*
> *Pero el que oye mis palabras y no las pone en práctica*
> *se parece a un hombre que construyó una casa sobre*
> *tierra y sin cimientos. Tan pronto como la azotó el to-*
> *rrente, la casa se derrumbó, y el desastre fue terrible.»*
> (Lucas 6:46-49).

La estabilidad de nuestra fe depende de la estabilidad de su cimiento. La fe del Reino significa que cavamos "bien hondo" y ponemos el cimiento de nuestra fe en Cristo, la "Roca". De esta manera resistiremos tan fuertes y tan inquebrantables como la Roca sobre la cual fuimos construidos, cuando nos azoten las tormentas de la vida y los torrentes de los sufrimientos.

¿En dónde está su fe? ¿Sobre qué (o quién) construyó usted su fe? ¿Estableció su fe sobre un cimiento inquebrantable? Jesús dijo: *"Tengan fe en Dios —respondió Jesús—."* (Marcos 11:22). Dios es absolutamente digno de confianza y totalmente estable. Él es el mismo ayer, hoy y por siempre (ver Hebreos 13:8). Con Él no hay ni la menor sombra de duda (ver Santiago 1:17). Dios es estable. Dios es confiable. Dios es eterno. Y así son todos los que ponen su confianza en Él.

Un reino inquebrantable

Las naciones vienen y van. Los imperios surgen y caen. Pero el Reino del Cielo es eterno, siempre presente, siempre estable y absolutamente ilimitado en riqueza y poder. La única manera en que podemos escapar de la naturaleza inestable y transitoria de la vida en este mundo es estando cimentados sobre el Reino inquebrantable de Dios. Las Escrituras dicen:

Pues ustedes han nacido de nuevo, no de simiente pe-
recedera, sino de simiente imperecedera, mediante la
palabra de Dios que vive y permanece. Porque «todo
mortal es como la hierba, y toda su gloria como la flor
del campo; la hierba se seca y la flor se cae, pero la pa-
labra del Señor permanece para siempre.» Y ésta es la
palabra del evangelio que se les ha anunciado a ustedes
(1 Pedro 1:23-25).

El mundo y todo lo que hay en este es perecedero; desapa-
recerá algún día. Pero el Reino de Dios permanecerá. La fe del
Reino tiene seguridad porque está aferrada al Rey de la creación
que no puede ser zarandeado. Ni siquiera las pruebas más duras
de la vida nos pueden hacer caer de ese lugar de seguridad, confianza y estabilidad. Al contrario, los sufrimientos y las pruebas
sirven para fortalecer y purificar nuestra fe. La fortaleza y la profundidad de nuestra fe se demuestran con el carácter con el cual
resistimos y los obstáculos que superamos.

El caos en nuestro mundo, ya sea la guerra, la desaceleración
económica, la decadencia moral, el descontento social, la convulsión
política, o lo que sea, no debe afectar nuestro equilibrio espiritual ni
robarnos nuestra paz. Estamos presenciando el estremecimiento de
las cosas que son sólo temporales en todo caso. Nuestra esperanza
—nuestra seguridad— se basa en el Reino inquebrantable. El conocimiento de esta verdad debería llenar nuestros corazones de
alegría y agradecimiento. Así como dice el autor de Hebreos:

Por el contrario, ustedes se han acercado al monte Sión, a
la Jerusalén celestial, la ciudad del Dios viviente. Se han
acercado a millares y millares de ángeles, a una asamblea
gozosa, a la iglesia de los primogénitos inscritos en el cielo.
Se han acercado a Dios, el juez de todos; a los espíritus
de los justos que han llegado a la perfección; a Jesús, el

mediador de un nuevo pacto; y a la sangre rociada, que habla con más fuerza que la de Abel.

Tengan cuidado de no rechazar al que habla, pues si no escaparon aquellos que rechazaron al que los amonestaba en la tierra, mucho menos escaparemos nosotros si le volvemos la espalda al que nos amonesta desde el cielo. En aquella ocasión, su voz conmovió la tierra, pero ahora ha prometido: «Una vez más haré que se estremezca no sólo la tierra sino también el cielo.» La frase una vez más» indica la transformación de las cosas movibles, es decir, las creadas, para que permanezca lo inconmovible.

Así que nosotros, que estamos recibiendo un reino inconmovible, seamos agradecidos. Inspirados por esta gratitud, adoremos a Dios como a él le agrada, con temor reverente, porque nuestro «Dios es fuego consumidor». (Hebreos 12:22-29).

No confíe en cualquier cosa creada porque esta se puede acabar. ¿Es su automóvil una cosa creada? ¿Es su casa una cosa creada? ¿Y qué de su trabajo? ¿Su cuenta bancaria? Todas estas cosas fueron creadas; por lo tanto, las puede perder. Dios las puede sacudir y quitarlas en cualquier momento. Entonces, ¿con qué se quedará? Dios nos ama y quiere que confiemos en Él. De hecho, nos ama tanto que estremecerá lo que tenemos si eso es necesario para que dejemos de confiar en nosotros mismos o en nuestros bienes y más bien depositemos nuestra fe en lo que no se puede zarandear. Y lo único que no se puede estremecer es Dios.

Vivimos, como seguidores de Jesucristo, en un Reino inconmovible. Somos ciudadanos de una esfera que jamás caerá, que no irá a la bancarrota, que no pasará por una depresión y que no experimentará hambruna, ni pobreza, ni desastres, ni reveses de cualquier tipo. Experimentamos este tipo de cosas en este mundo porque mientras estemos aquí en la tierra viviremos en un territorio extranjero; pero nuestro verdadero hogar está en otra parte. El Rey trabaja afanosamente para expandir su esfera celestial en la terrenal, reclamando el territorio perdido cuando Satanás usurpó el poder de Adán y Eva en el Huerto del Edén.

Somos los embajadores del Rey en esta misión. Nuestro corazón debería llenarse de alegría y agradecimiento cuando Él nos bendice con un poquito del Cielo en la tierra: la estabilidad personal en un mundo inestable y la paz perfecta mientras hay confusión en todo nuestro alrededor. Pero nuestra paz y estabilidad no se basan en las cosas que tenemos, que pueden salir volando con el viento. Tenemos paz y estabilidad porque nuestro corazón descansa en Él y no en otro.

Hebreos 12:28 dice que *estamos* recibiendo un Reino que no se puede estremecer. Es nuestro ahora mismo. Estamos recibiendo un gobierno, un estilo de vida, una cultura y toda una sociedad que no se pueden estremecer. El resto del mundo prestará atención y se preguntará por qué somos tan calmados, tan tranquilos y tan confiados en un mundo que se enloqueció. Se asombrarán al vernos tranquilos cuando vivamos como se supone que debemos vivir los creyentes —mediante la fe inquebrantable del Reino—. Y al vernos, querrán tener esa seguridad que tenemos. Tal como lo he dicho una y otra vez antes, todos buscamos el Reino; sólo que muchas personas no saben cómo encontrarlo todavía. Saben que buscan algo pero no saben qué es. Las personas de todo el mundo están desesperadas por encontrar algo en qué creer, un lugar dónde depositar su confianza, algo que les traiga paz, estabilidad, equilibrio, orden y significado a su vida. Sólo el Reino de Dios puede satisfacer esta necesidad.

La fe del Reino no le teme a nada porque está cimentada sobre lo que no nunca puede fallar, ni ser vencido. El mundo ha agotado a las personas en todas partes. Muchas de las personas del mundo pasan sus días en una vida que parece totalmente desesperada, aporreados, quebrantados, maltratados por la enfermedad y la calamidad, hechos pedazos por la pena y la desdicha. Anhelan creer en algo que funcione y les resuelva sus problemas, algo que les traiga victoria en la vida en lugar de derrota, algo que les permita vencer al mundo. Necesitan vernos como personas que resolvemos nuestros problemas con la fe del Reino, personas cuya fe no flaquea sin importar lo que afrontemos. Luego sabrán que el Reino de Dios es real y que funciona.

Confiar en el Creador

El mayor problema con las religiones y las filosofías del hombre—su debilidad fatal— es que consideran el mundo natural como la extensión máxima de la realidad. La mayoría de las personas a lo largo de la historia humana han seguido religiones que le rinden culto a las cosas creadas como si fueran dioses— figuras de peces, aves, gatos, toros, árboles, el agua, y casi que cualquier otra cosa—, en lugar de adorar solamente al Creador que las hizo. La fe del Reino, por el contrario, le rinde culto al Creador, no a su creación. Esto está de acuerdo con la voluntad y el deseo de Dios cuando declaró: *"»No tengas otros dioses además de mí. »No te hagas ningún ídolo, ni nada que guarde semejanza con lo que hay arriba en el cielo, ni con lo que hay abajo en la tierra, ni con lo que hay en las aguas debajo de la tierra. No te inclines delante de ellos ni los adores"* (Éxodo 20:3-5a).

Nosotros los humanos tenemos una tendencia irresistible a confiar en lo que es palpable—esas cosas que podemos percibir con nuestros sentidos, las cosas que podemos ver y tocar. Pero las apariencias pueden engañar, y las cosas no siempre resultan de la manera que lo esperamos. El sabio Rey Salomón dijo: *"Me fijé que en esta vida la carrera no la ganan los más veloces, ni ganan la batalla los más valientes; que tampoco los sabios tienen qué comer, ni los inteligentes abundan en dinero, ni los instruidos gozan de simpatía, sino que a todos les llegan buenos y malos tiempos"* (Eclesiastés 9:11). Aunque esto puede sonar fatalista, el argumento de Salomón es que aparte de Dios, nada en este mundo es certero. Y es por eso que jamás debemos poner nuestra fe en las cosas de este mundo. El Rey David sin duda entendió esto, tal como se evidencia en sus palabras: *"Éstos confían en sus carros de guerra, aquéllos confían en sus corceles, pero nosotros confiamos en el nombre del Señor nuestro Dios"* (Salmos 20:7).

Debemos retroceder en el tiempo tres mil años para entender la perspectiva de David. Cualquier general vencedor necesitaba por lo menos dos cosas en aquellos días: corceles y carros de guerra. ¿Por qué? Porque eran elementos claves en uno de los muchos modos de pelear las batallas. Los soldados de infantería eran lentos, pero los guerreros se movían en los carros rápidamente para amenazar o rodear al enemigo. Un ejército se enfrentaba a una derrota casi segura sin estos. David fue un guerrero valiente y experto líder de guerreros. Sin duda entendió el valor de los carros de guerra y de los corceles para su poderío militar. Pero declaró sin rodeos que no confió en ellos, sino en el Señor. David supo que sus triunfos dependían, no de su poder y capacidad militar, sino del favor del Señor. Podía contar con Dios para que le diera la victoria, siempre y cuando le fuera leal.

Gedeón aprendió la misma verdad. Venció a todo un ejército de madianitas con trescientos hombres armados sólo con antorchas y jarras de barro. ¿Cómo lo logró? Confió en Dios y siguió sus instrucciones. Lo mismo ocurrió con Moisés y con los israelitas en el Mar Rojo. No podían emprender la retirada sin afrontar cierta aniquilación pues tenían al ejército egipcio que los perseguía por detrás y el mar por delante. Luego que Moisés levantó su vara sobre las aguas, Dios separó el mar y los israelitas cruzaron por terreno seco. Dios volvió a unir las aguas cuando los egipcios los persiguieron, y estos se ahogaron en medio del mar. Esto demuestra, como lo dije antes, que no importa cuán desesperadas parezcan las situaciones, jamás conoceremos la verdad sobre la situación hasta que la veamos desde la perspectiva de Dios.

David dijo: "no confío en corceles ni carros de guerra. Mi fe está en el Dios que creó el corcel. Mi fe esta en el Dios que creó la madera y el metal con los que se construyen los carros de guerra. Aún si fallan los carros de guerra, todavía tengo al Dios de estos". No es de sorprender que David ganara tantas batallas. David fue el rey más exitoso en la historia de los reyes. El secreto de su éxito fue que nunca confió en los soldados, las espadas, los corceles, ni los carros de guerra. Más bien, oró a Dios y se encomendó a él dejando el resultado de la batalla en sus manos. Confió en Dios, ganara o perdiera. Es por esta cualidad de la fe de David que la Biblia lo describe como un hombre conforme al corazón de Dios.

¿Dónde está su fe? Deposite su fe en Dios. No confíe en su cónyuge, su novio, su novia, su familia, su negocio, su empleo, su universidad, ni en su cuenta bancaria. No importa lo que pase hoy o mañana o pasado mañana; con Dios como su esperanza, usted gana— esto es garantizado—. Si Dios está con usted, ¿quién puede estar en su contra?

La fe en las buenas y las malas

La fe del Reino es creer en el panorama completo de Dios y no en los detalles cotidianos de la vida. La esposa de Job no entendió esto. No tuvo ni idea del *panorama en conjunto* desde la perspectiva de Dios. Todo lo que ella vio fue que su esposo, quien era en una época saludable y rico, ahora estaba enfermo y en la miseria. Entonces concluyó que la fe de Job no servía. Es por eso que le dijo a su esposo *"¡Maldice a Dios y muérete!"*. En realidad, ella dijo: "No sirve para nada seguir a Dios; mira lo que te hizo. ¿Por qué no te mueres y acabas con eso?". Sabemos que ella estaba casada con un hombre al que la Biblia describe como el hombre más recto en toda la tierra. Ella vivía con un hombre que oraba cada día, ayunaba, pagaba sus diezmos y tenía una vida recta y sin mancha. Job estaba ahora cubierto de llagas dolorosas y forúnculos. Para alguien cuya fe se limitaba a lo que podía apreciar con sus ojos, era natural concluir que era inútil servir a Dios.

La respuesta de Job es muy famosa: *"Si de Dios sabemos recibir lo bueno, ¿no sabremos también recibir lo malo?"* (Job 2:10b). Esta pregunta sencilla revela un mundo de conocimiento sobre la soberanía de Dios. Dios es Dios, pase lo que pase. Dios es Dios, en las buenas y en las malas. La actitud de Job fue: "En una época fui rico y ahora soy pobre. En una época tuve mucho y ahora no tengo nada. En una época fui saludable y ahora estoy enfermo. Todo lo que tuve me lo dio el Señor, y si lo quiere de vuelta lo puede tener. Amo a Dios con o sin dinero. Serviré a Dios con o sin riquezas. Confiaré en Dios en la enfermedad y en la salud".

Esta es la esencia de la fe del Reino. La fe del Reino impulsa al corazón a exaltar a Dios con plena convicción mediante este himno: "En los peligros o aflicción que yo he tenido aquí, su gracia siempre me libró, y me guiará feliz". La fe nos permite pasar *por* peligros y aflicción; la fe nos habilita para afrontar las duras y las maduras con equilibrio; la fe nos asegura que Dios nos dará la gracia para soportar todas las pruebas y salir radiantes al otro lado.

"Si de Dios sabemos recibir lo bueno, ¿no sabremos también recibir lo malo?". ¡Qué declaración tan cierta! Pero debemos definir qué es "bueno". Lo bueno desde la perspectiva de Dios quizás no sea lo bueno para nosotros. Depende de que nuestra petición esté de acuerdo con el propósito general de Dios. "Bueno" puede significar un horno en llamas como les ocurrió con Sadrac, Mesac y Abednego. Puede significar también un foso de leones como le ocurrió con Daniel. Puede significar una cruz como le ocurrió al Señor Jesucristo. Puede significar ser lapidado, como le ocurrió con Esteban. Puede significar una golpiza, un naufragio, un encarcelamiento y ser martirizado como le ocurrió a Pablo. Puede significar un exilio como le ocurrió a Juan en la isla de Patmos. Todas estas cosas fueron "buenas" en los ojos de Dios porque eran acordes con su propósito. Él fue glorificado y muchas vidas fueron transformadas y su Reino avanzó en la tierra, en cada caso.

Nuestro Dios es más grande que cualquier problema que lleguemos a enfrentar. ¿Pérdida del empleo? —Dios es más grande. ¿Un infortunio financiero? —Dios es más grande. ¿Un ser querido adicto a las drogas y al alcohol? —Dios es más grande. ¿Un hijo en la cárcel? —Dios es más grande. ¿Falta de dinero para el arriendo? —Dios es más grande. ¿Cáncer? —Dios es más grande. Podemos sobrellevar los problemas con la fe del Reino porque los problemas son siempre pasajeros. No hay pruebas que nos lleguen para las cuales no nos equipe Dios para que las afrontemos; no hay problemas para los cuales Él no nos proporcione la gracia para aguantar. La pregunta que debemos responder es: ¿Cuánto confiamos en Él? ¿Confiamos en su amor inagotable? ¿Creemos que todo lo que Él permite en nuestra vida es para nuestro bien y para su gloria?

En el libro de Job 2:10 dice que a pesar de todo su sufrimiento y la pérdida de sus riquezas *"Job no pecó ni de palabra"*. Algunos han acusado a Job de ser muy pasivo ante Dios. Pero Job no fue negativo; fue honesto al reconocer que recibimos, tanto cosas malas como buenas en la vida. ¿Cuál es la diferencia? Es la honestidad que nos lleva a aceptar la realidad de cualquier situación, aún si es desagradable. La negatividad consiste en atacar a Dios y culparlo de todo lo que nos sale mal. Existe hoy una tremenda cantidad de negativismo en nuestro mundo porque hay muy poca honestidad, aún entre los creyentes. Debemos aprender, así como Job, a tomar lo bueno y lo malo, las bendiciones y los problemas, y aceptarlo igualmente como parte del plan de Dios para fortalecernos y hacernos madurar. Nuestra fe tiene que ir más allá de lo bueno y lo malo.

Algunas personas no pueden asimilar el éxito. Es por eso que Dios puede llevarnos a la bancarrota antes de darnos en abundancia. Y si después nos olvidamos de Él, nos puede volver quebrar para recordarnos que estábamos en la quiebra. Dios está más preocupado por nuestro carácter que por nuestras ofrendas. Él nos puede dar cualquier cosa que quiera, pero no nos puede dar carácter. Debemos desarrollar el carácter por medio de las pruebas y los sufrimientos.

Evaluar nuestra fe

Una forma de cimentar la fe mediante el carácter es evaluando nuestra fe. Con esto quiero decir que debemos tomar el tiempo necesario para examinar detenidamente o "evaluar" cómo le responderíamos a Dios ante las peores circunstancias. ¿Cómo respondería usted si se incendiara su casa? ¿Cómo respondería si se muere su cónyuge o se mueren sus hijos? Evaluar nuestra fe nos ayuda a analizar los diferentes elementos de nuestra vida en comparación con nuestra relación con Dios y descubrir que al final nada es más importante que la fe.

La fe de Job sobrevivió a pruebas muy severas porque él había pasado bastante tiempo evaluando su fe. Escuche lo que dijo

Job: *"Lo que más temía, me sobrevino; lo que más me asustaba, me sucedió. No encuentro paz ni sosiego; no hallo reposo, sino sólo agitación"* (Job 3:25-26). Los desastres que le acontecieron a Job son las mismas cosas que él temió que le ocurrirían algún día. Esto quiere decir que él consideró la posibilidad de que eso le ocurriera más de una vez. Se horrorizó de pensar en perder todo y pasar por tanto sufrimiento, pero reconoció que era posible superar estas pruebas porque le temía a Dios.

Luego, cuando llegó el temido desastre, eso le trajo confusión a su vida y le robó la paz y el sosiego. Note, sin embargo, que no le robó su fe. Esto se debe a que, al evaluar su fe—considerando los peores panoramas de todos— Job se dio cuenta que tanto en lo bueno como en lo malo, en el desastre o en la bendición, en la plenitud o en la necesidad, Dios aún era Dios y se merecía toda la adoración. Job concluyó que nada que ocurriera en su vida justificaba el abandono de su fe.

¿Con qué frecuencia ha sentido miedo de que le suceda algo terrible? ¿Cuánto tiempo ha dedicado a pensar cómo respondería usted ante la llegada de una tragedia a su vida? Muchos creyentes a quienes les enseñaron a esperar sólo lo bueno —la prosperidad y las bendiciones de Dios— quedan destrozados cuando algo malo les ocurre. Su fe a veces queda hecha polvo porque no están preparados para los sufrimientos y las dificultades. Su fe no tiene espacio para ello.

Considerar la posibilidad de pasar las pruebas y contratiempos severos no es algo negativo ni poco saludable, a menos que estos conduzcan a un temor paralizador y obsesivo. Una señal de madurez de una persona es prepararse de antemano para recibir la dificultad. De hecho, una directriz para la fe del Reino podría ser: "Esperar lo mejor y prepararse para lo peor". Esta es una manera sabia de proceder, tal como lo testifican las Escrituras:

"El prudente ve el peligro y lo evita; el inexperto sigue adelante y sufre las consecuencias" (Proverbios 22:3). Prepararse hoy para la dificultad ayudará mañana a mitigar sus efectos.

Evaluar su fe significa revisar su dependencia de Dios para asegurarse de que su fe está en Dios en lugar de estar en las cosas que Él le ha dado, sólo en caso de que estas sean estremecidas. ¿Cree en Dios sólo porque Él lo ha bendecido? ¿Usted define las "bendiciones" como las bondades, los ascensos, los progresos, la prosperidad... o también incluyen los hornos y los fosos de los leones?

Dios le prometió a Abraham: "Te bendeciré con un hijo", pero esa bendición incluyó una espera de veinticinco años para un hombre que ya tenía setenta y cinco años. Esto quizás no se parezca mucho a una bendición porque hemos sido criados en una cultura que reclama todo "inmediatamente". La definición de la bendición de Dios con mucha frecuencia no es la misma que pensamos, así como sus pensamientos no son los nuestros, ni sus maneras las nuestras (ver Isaías 55:8). La bendición de Abraham no fue únicamente su hijo Isaac. También fueron veinticinco años creyendo en Dios y en su promesa, veinticinco años de fe creciendo en madurez y profundidad. Si Isaac hubiera nacido nueve meses después de la promesa, Abraham no habría tenido nada qué aprender de Dios. Tampoco Isaac hubiera aprendido la fe de Abraham. Lo que hizo que Abraham hubiera llegado a ser el "padre de la fe", fueron los veinticinco años de paciencia en espera del cumplimiento de la promesa de Dios. La bendición fue la oferta completa: una espera de veinticinco años seguidos de nueve meses de embarazo que culminó con el nacimiento de un bebé "milagro." Y a través de todo esto, Abraham creció para ser un hombre de fe inquebrantable.

Cualquier cosa por la que atraviese usted ahora mismo beneficiará a otras personas que lo observen. Adopte una actitud firme durante sus tiempos de prueba y ellos dirán: "Amigo, lo he estado observando desde lejos y no puedo creer cuán firme ha sido su fe a través de todo esto. Sé por lo que ha pasado en esta prueba. Sé lo que le han hecho y me digo a mí mismo: 'él confía en Dios; veamos cómo obra ahora Él'. ¡No puedo creer que usted haya permanecido firme todo este tiempo ante tal presión! Usted me ha mostrado que la fe en Dios surte efecto. Enséñeme esa misma fe".

Y ese llega a ser su mejor testimonio

¿Reina la confusión en su vida? ¿Las pruebas y tribulaciones le roban la paz, el sosiego y el descanso? Dios no lo ha abandonado. Quizás esté simplemente zarandeando su vida para ver dónde está su fe, y aún más importante, para que *usted* se dé cuenta dónde está su fe. ¿Puede usted tener fe cuando no hay paz? ¿Puede permanecer ecuánime cuando todo a su alrededor se estremece? Si no puede, sólo necesita examinar su fe y asegurarse de que esté anclada en el lugar correcto: no en las cosas, sino en Dios el Creador que es Rey y Señor de todo.

La fe del Reino es una fe sin condiciones. No depende de lo que ocurre ni de lo que no ocurre. No aumenta ni disminuye con base en las bendiciones ni con la falta de ellas. La fe del Reino no dice: "Dios, te amo si haces esto por mí" o "Señor, te serviré si haces aquello por mí". No; la fe del Reino dice: "Señor, te amaré y serviré pase lo que pase". Esta fue la actitud en el corazón de Job cuando dijo: *"He aquí, aunque él me matare, en él esperaré; No obstante, defenderé delante de él mis caminos, Y él mismo será mi salvación"* (Job 13:15-16a RV). La fe de Job le dio esperanza de salir victorioso al otro lado, aún en medio de sus dificultades. También supo que la fe era su *única* esperanza, y es por eso que dijo: "Confiaré en el Señor, aún si me matara". Job, al confiar en Dios, no tenía nada que perder y mucho que ganar.

Valió la pena la fe resuelta de Job. Soportó las pruebas y al final, Dios lo bendijo el doble que antes. Y aquí vemos otro principio clave de la fe del Reino: *la fe del Reino siempre es recompensada*. Quizás tome un rato ver la recompensa—Abraham esperó veinticinco años—pero llegará. La recompensa puede o no ser material; quizás Dios no lo bendiga con una gran riqueza ni prosperidad material. Pero mantenga la fe; participe en la carrera; pelee la buena batalla; y el Señor dispondrá sus pasos. Él guardará y guiará su camino. Él lo conducirá a una vida de gracia, poder, significado y propósito, una vida con un potencial realizado. Mediante la fe, usted cumplirá plenamente su destino como hijo de Dios y como ciudadano de su Reino.

Los principios del Reino

La fuente de nuestra fe determina la calidad de la misma.

El objeto de nuestra fe determina la cantidad o el tamaño de ella.

Nuestra fe es tan segura como su objetivo.

La estabilidad de nuestra fe depende de la estabilidad de su objeto.

La fe del Reino es creer en el panorama completo de Dios y no en los detalles cotidianos de la vida.

La fe del Reino siempre es recompensada.

Capítulo 9

El poder de la fe del Reino

"La fe consiste en creer en una cosa cuando el sentido común le dice otra cosa". — George Seaton

Imagínese que está comprometido para casarse. La boda será en tan sólo unas semanas. Ya se hicieron todos los preparativos; se hicieron todas las compras; se mandaron todas las invitaciones. Su expectativa y emoción están al rojo vivo. Y luego, de repente… muere su prometida. ¿Qué hace usted? Este es el tipo de experiencia que hace que una persona quiera renunciar, desistir en la vida, quizás hasta maldecir a Dios. "¿Dios, por qué me ocurrió esto a mí? ¿Por qué me trajo hasta aquí sólo para dejarme destrozado?".

En realidad, esta es una historia real. Un hombre estaba comprometido para casarse con una joven hermosa. Se habían ultimado todos los preparativos y todo estaba en orden; esperaban simplemente que llegara el día de la boda. Entonces, en cosa de días, su prometida de repente se enfermó y murió. El novio afligido entró en una depresión severa. Incluso pensó en suicidarse. Se sintió avergonzado. ¿Cómo iba a darles la cara a sus amigos y familiares? ¿Cómo iba a salir de tan terrible tragedia?

Casi no lo logra. Su depresión emocional se volvió tan severa que lo internaron en un manicomio donde recibió tratamiento. Comenzó a recuperar la memoria después de unas semanas y fue dado de alta después de dos meses al regresar del borde de esa catástrofe. Por fin se casó y tuvo una familia. Pero recuerden que casi renuncia a la prueba en el tiempo de crisis como joven que era; casi se suicida; casi lo deja todo.

Aquel hombre se convirtió después en el presidente de los Estados Unidos. Su nombre fue Abraham Lincoln. Él es considerado hoy en día como el presidente más ilustre y más eficaz en la historia estadounidense. Fue un guía para los Estados Unidos a través de una guerra civil devastadora y mantuvo unida a la nación. Emancipó a los esclavos. Lincoln fue realmente un gran hombre. Pero pudo haber terminado fácilmente sus días en un manicomio. La fe le ayudó a superar la crisis.

Otro hombre menos conocido que Lincoln tuvo una experiencia de desgracia similar. La prometida de Joseph Scriven se ahogó en un accidente en una barca, justo unos días antes de su boda. Doblemente trágico fue el hecho de que esta era la segunda vez que este joven perdía a su prometida. Entonces Joseph escribió en medio de la más grande desesperación y fortalecido por su fe:

¡Oh, qué amigo nos es Cristo!
Él llevó nuestro dolor,
Y nos manda que llevemos
Todo a Dios en oración.
¿Vive el hombre desprovisto
De paz, gozo y santo amor?

Esto es porque no llevamos
Todo a Dios en oración.
¿Vives débil y cargado
De cuidados y temor?
A Jesús refugio eterno,
Dile todo en oración.
¿Te desprecian tus amigos?
Cuéntaselo en oración.
En sus brazos de amor tierno
Paz tendrá tu corazón.

Jesucristo es nuestro Amigo:
De esto prueba nos mostró,
Pues sufrió el cruel castigo
Que el culpable mereció.
El castigo de su pueblo
En su muerte Él sufrió;
Cristo es un amigo eterno,
¡Sólo en Él confío yo![1]

Joseph Scriven nunca se casó, y dedicó su vida a amar y servir al Señor que lo sostuvo y lo rescató de tan terrible dolor.

Horatio G. Spafford fue un abogado estadounidense que experimentó una tragedia tras otra. Perdió casi toda su enorme inversión de bienes raíces en el Gran Incendio de Chicago de 1871. Decidió llevar a su familia de vacaciones a Europa, y también hizo planes de ayudar en la campaña evangelizadora de D.L. Moody que se llevó a cabo en esa época en Inglaterra. Spafford, impedido por causa de algunos negocios urgentes, envió a su esposa y sus cuatro hijas adelante con la intención de unirse posteriormente con ellas. Ahí fue cuando lo afectó la tercera tragedia. Su barco chocó mientras cruzaba el Atlántico con un buque inglés

y se hundió en doce minutos. Spafford recibió un telegrama la-
cónico de su esposa: "Sólo yo estoy viva". Su esposa sobrevivió,
pero sus cuatro hermosas hijas estuvieron entre las doscientas
veintiséis víctimas que se ahogaron.

Posteriormente, mientras Spafford navegaba tristemente hacia el este para reunirse con su esposa en el país de Gales, su
barco pasó por el lugar aproximado donde murieron sus queridas
hijas. Allí derramó lágrimas por la tragedia, pero el estar presente
en el lugar donde perdió a sus hijas inspiró a Spafford a escribir:

De paz inundada mi senda esté,
O cúbrala un mar de aflicción,
Cualquiera que sea mi suerte, diré:
"Estoy bien, tengo paz, ¡Gloria a Dios!" [2]

Hay un común denominador que une todas estas historias de
tragedia: *el poder de la fe.*

La fe del Reino nos enseña que hay vida después de la tragedia. Tenga en cuenta la vida de Moisés. Él parecía tener muchas
ventajas a su favor: nació hebreo, fue criado en la casa del faraón
en medio de grandes riquezas, poder y esplendor y fue educado
por los más sabios eruditos del país. Luego cometió un asesi-
nato en defensa de uno de sus compatriotas hebreos y pasó los
siguientes cuarenta años llevando una manada de ovejas por el
desierto. ¡Qué fracaso! —dirán los incrédulos.

¡Pero qué regreso! —decimos los creyentes. Dios se encontró con Moisés en el desierto y lo llamó al destino que era suyo
antes de la fundación del mundo. Los cuarenta años en la corte
egipcia prepararon a Moisés para enfrentar el poder político de
los faraones. Los cuarenta años transcurridos en el desierto le
enseñaron la humildad para escuchar y obedecer a Dios. Moisés

salió del desierto con una visión y una misión claras de parte de Dios para liberar a su pueblo. Moisés le hizo frente al rey más poderoso de su época (Faraón) y liberó de la esclavitud a más de un millón de personas. Se convirtió en el inspirado escritor de los cinco primeros libros de la Biblia, de donde surgen los principios fundamentales que todavía le dan forma a las leyes y gobiernos de la mayoría de naciones del mundo occidental.

El poder de la cultura del Reino

¿Quién de nosotros no ha querido renunciar a las pruebas en algún momento? Todos hemos experimentado momentos de desilusión o desánimo que nos han dejado como si no pudiéramos continuar. Aquí es donde entra en juego la fe del Reino. La fe del Reino nos asegura que hay vida después del fracaso. Nos da esperanza porque es la garantía de que nuestros sufrimientos y problemas son sólo pasajeros, y que la vida superior, la más completa e infinita, está delante de nosotros. Es esta esperanza, la cual estimula nuestra fe en Cristo, que nos permite vencer al mundo. La fe del Reino hace posible que nosotros permanezcamos fieles a la vida del Reino, aún en medio de una cultura mundana que todavía está dominada por el poder de las tinieblas.

Vimos en el Capítulo Dos que la fe *es* la cultura del Reino de Dios. La cultura es, quizás, la fuerza más poderosa de la sociedad humana. Quienquiera que controle la cultura controla a las personas, a excepción de aquellos que toman la decisión de volverse contraculturales. El poder de la cultura nos lleva a varias consideraciones:

Primero: *la mayor prueba de un país es su capacidad de proteger y preservar su cultura.* Una de las consecuencias de la conquista y la colonización a lo largo de la historia es el desgaste o transformación de las culturas indígenas debido a las poderosas culturas de sus conquistadores. El imperio asirio conquistó a diez tribus que conformaban el reino septentrional de Israel -que desde entonces se han separado de la casa de David, la dinastía gobernante y legítima del reino meridional de Judá. La cultura asiria arrasó completamente con la cultura israelita, y estas tribus del norte dejaron de existir como entidades independientes. Luego los babilonios conquistaron el reino del sur de Judá (un poco más de un siglo después) y mandaron a muchos de sus habitantes al exilio en Babilonia. En este caso, sin embargo, la cultura judía no desapareció gracias a Daniel, Sadrac, Mesac, Abednego y otros líderes judíos que permanecieron fieles a Dios. Los persas conquistaron a Babilonia setenta años más tarde y un decreto emitido por el rey persa, Ciro, les permitió a los judíos exiliados regresar a casa. Persia fue conquistada posteriormente por Grecia, y luego Grecia por Roma.

Pero también han existido casos en los cuales la cultura de los vencidos demuestra ser lo suficientemente sólida para sobrevivir a la cultura de los conquistadores. Grecia es un ejemplo perfecto. La cultura griega floreció después que el imperio griego fue conquistado por Roma e influenció profundamente a las culturas por todo el mundo romano y más allá, una influencia que se siente aún hoy en día en todo el mundo.

Esto es lo que llaman *"contracultura"*, porque transforma a la cultura vencedora. Este fue el mismo caso ocurrido con la Iglesia primitiva cristiana que comenzó como una secta ilegal dentro del Imperio Romano y que progresó en tamaño e influencia hasta el punto en que el Imperio Romano fue "cristianizado". La prueba de la solidez de una cultura no se debe sólo a su capacidad de protegerse y preservarse a sí misma sino también a su poder de transformar la cultura rival.

Esto nos lleva a una segunda consideración: *la solidez de la cultura de un país es su capacidad de vencer a las contraculturas.* La presión de vencer a la oposición está a la vista en nuestros días. Creo que los países fracasan o tienen éxito con base en su capacidad de vencer las contraculturas. Una contracultura simplemente significa que aparece otra cultura que se dirige en contra de la cultura primaria de una sociedad. Las Bahamas, Jamaica, los Estados Unidos, Inglaterra, Canadá, Filipinas, Haití, los países europeos, y muchos otros países se ven actualmente enredados en una batalla de culturas. Una razón por la que el mundo musulmán se encuentra en el caos se debe a las protestas violentas contra lo que muchos musulmanes ven como "la invasión de la cultura cristiana", la cual consideran corrupta frente a la cultura "pura" del islam.

Los primeros seguidores de Cristo, los primeros ciudadanos del Reino de Dios, comenzaron como una contracultura dentro del Imperio Romano. Y aunque la "cultura del Reino" que llegó a conocerse más tarde como la cultura "cristiana" dominó luego al mundo occidental, la Iglesia siempre ha estado en su punto más fuerte, más poderoso y más efectivo cuando funcionó en una relación contracultural en la sociedad donde residía. Uno de los problemas más grandes de la Iglesia actual es la pérdida de gran parte de su ventaja "contracultural", ya que varias asociaciones de las iglesias locales y creyentes individuales asimilaron mucho de la actitud y de los métodos de la cultura secular primaria, volviéndose casi indistinguibles del mundo.

Esto hace que la tercera consideración sea incluso de mayor importancia: *la prueba más grande de una cultura son las corrientes sociales que sobrelleva.* ¿Sobrevivirá la Iglesia a las corrientes sociales que la presionan a transigir por todos lados? ¿Dejará la iglesia sus principios? Quizás no seamos capaces de detener a otras culturas para que dejen de hacer lo que hacen, pero podemos levantarnos a nosotros mismos en contra de los inmorales para no hacer lo mismo. La *corriente* tiene que ver con la marcha de los sucesos o la presión social. La llamamos a veces "la presión ejercida por los iguales." ¿Cómo sobrevivimos cuando todo a nuestro alrededor está en contra nuestra? ¿Cómo podemos nadar exitosamente aguas arriba? ¿Cómo salimos con nuestra integridad intacta de las corrientes de la presión social? Es imposible avanzar sin la fe.

Y así llegamos a la cuarta consideración: *la cultura del Reino del Cielo—la fe— vencerá a todas las culturas de la tierra.* La Biblia deja esto bien claro: *"El reino del mundo ha pasado a ser de nuestro Señor y de su Cristo, y él reinará por los siglos de los siglos"* (Apocalipsis 11:15b). La palabra *mundo* hace referencia aquí a los sistemas sociales y políticos. Significa lo mismo que "contra-cultura" en este contexto. El Reino de Dios es una cultura, no es solamente un país. El Cielo es la patria y la tierra es su colonia. La Iglesia es un puesto avanzado del Reino a la que le han encargado la misión de colonizar la tierra para el Reino de Dios. La tierra se supone, por lo tanto, debe estar llena de la cultura del Cielo.

Un Reino seguro

La cultura es un estilo de vida. No es un plan, ni un proyecto solamente. La cultura es la forma de vida de las personas. Practicamos la cultura por cuanto somos criados en una cultura de modo que se vuelve natural para nosotros vivir acorde con ella. La cultura es una forma de vida natural; es la manera de ser de las personas. El Reino del Cielo tiene una cultura, así como cualquier otro país, y una de las características más particulares de la cultura del Reino es su absoluta *estabilidad.* La cultura del Reino prevalecerá por encima de las demás culturas; es algo inevitable. Tal como le dijo Jesús a sus discípulos: *"Yo les he dicho estas cosas para que en mí hallen paz. En este mundo afrontarán aflicciones, pero ¡anímense! Yo he vencido al mundo"* (Juan 16:33).

Jesús dijo estas palabras la noche antes de ser crucificado. Él trataba de preparar a sus discípulos ante los problemas y retos que tenían por delante. Primero les dio las malas noticias. "Van a tener muchas dificultades en el mundo. Van a afrontar muchas dificultades que no esperaban; muchas cosas que no pidieron; muchas cosas que ustedes no creen que se merecen. Van a afrontar algunas cosas en las que jamás habrían creído que participarían. Van a enfrentar oposición, críticas y ataques de todo tipo. Se van hacer pedazos las cosas que ustedes tratan desesperadamente de mantener unidas. Tendrán problemas en este mundo. Les digo estas cosas de antemano para que no sean tomados por sorpresa sino que tengan paz cuando les lleguen".

Luego les dio las buenas noticias: "¡Pero cobren ánimo!". Esto quiere decir: "Ánimo; relájense. No se dejen llevar por el pánico". ¿Por qué? "Porque yo he vencido al mundo". Dicho de otra manera: "He vencido los sistemas del poder, los sistemas injustos de la cultura, los sistemas de las corrientes sociales y los sistemas de los valores morales de la civilización humana".

La fe del Reino vence al mundo. Usted puede vencer en medio de la locura de este mundo y surgir para ser un líder, un gobernador o un presidente. Todo esto es posible con la fe del Reino. Usted puede vencer el dolor y la pena de una gran pérdida y ser más fuerte al otro lado. E incluso, usted puede regresar del desierto después de perder su carácter y su libertad, tal como regresó Moisés, y todavía ser el libertador de muchas personas. Lo logrará con la fe del Reino porque la fe del Reino vence al mundo.

Un reino poderoso

El Reino del Cielo es un Reino de poder. Es fuerte y resistente. Muchos reinos de los hombres han querido destruir el Reino de Dios y sus ciudadanos. Cada uno de ellos ha fracasado. Siempre ha sido así y siempre lo será. Tratar de eliminar el Reino de Dios es como tratar de alterar la misma estructura del universo. La misma creación está estrechamente ligada y regulada mediante los principios del Reino de Dios.

El Reino del Cielo es más duradero que los reinos de la tierra. Todos los reinos terrenales desaparecerán, pero el Reino de Dios permanecerá para siempre. La paciencia es una de las características de lo duradero. La paciencia puede lograr las cosas que la urgencia jamás haya soñado. Un perdedor en la vida es en realidad un ganador a quien le faltó la paciencia para esperar y para seguir intentando. La paciencia es una inversión preciada, muy rara en nuestra sociedad estos días. Es tan valiosa que se enumera como uno de los frutos del Espíritu Santo (ver Gálatas 5:22-23). Creo que la paciencia es una de los más grandes dones que Dios nos pueda dar. Proverbios 16:32 dice: *"Más vale ser paciente que valiente; más vale dominarse a sí mismo que conquistar ciudades"*.

La virtud de la paciencia se pierde en gran medida en nuestro mundo de la gratificación instantánea del "necesito tenerlo ahora". Muchas parejas recién casadas piensan que son un fracaso si no pueden comprar inmediatamente el tipo de casa que sus padres tuvieron que esperar treinta años para obtener. Muchas familias de hoy están sumergidas en una montaña de deudas porque no pudieron esperar hasta poder permitirse el estándar de vida que querían. Vendieron su libertad financiera y se hicieron esclavos del crédito porque decidieron tenerlo todo ahora mismo.

El Reino de Dios dura más que el reino de este mundo. ¿Por qué es esto tan importante? Como ciudadanos del Reino, necesitamos asimilar el hecho de que formamos parte de una cultura que jamás se acabará. Nos han dicho a lo largo de la Biblia que nos mantengamos firmes, que participemos en la carrera, que peleemos la batalla, que terminemos el recorrido. Nuestro problema radica en que renunciamos muy fácilmente a esta batalla. Muchos creyentes, particularmente en el mundo de Occidente

(Europa y los Estados Unidos), no saben cómo reaccionar en medio de la dificultad. "Tiran la toalla", es decir, abandonan la lucha ante la primera señal del enemigo diciendo: "Bueno, *eso* no funcionó. Debe ser que no es la voluntad de Dios. Intentaré otra cosa". Otros dejan de asistir a la iglesia si alguien hiere sus sentimientos. El predicador se vuelve muy "personal" en su predicación y algunos se van. No tienen estabilidad ni paciencia.

La fe del Reino es más que "simples amores pasajeros" o momentos de agradecimiento en que la persona se siente bien porque recibe las bendiciones. Incluye todas estas, pero también profundiza la relación con Dios y exige mucho más. El llamado a la fe del Reino es un llamado a resistir. Es un llamado a mantenerse firme y no renunciar ante los problemas, la dificultad, y la oposición o el temor. Los ciudadanos del Reino forman parte de una cultura que puede soportar cualquier desafío, incluyendo la muerte. Tan sólo pregúntele al profeta Isaías quien según la tradición fue mutilado. Tan sólo pregúntele a Esteban que perdonó a sus asesinos incluso cuando su cuerpo era lapidado. Tan sólo pregúntele a Pedro que, de nuevo según la tradición, fue crucificado boca abajo a solicitud propia porque consideraba que no era digno de morir de la misma forma que su Señor. Tan sólo pregúntele a Pablo que fue decapitado por su lealtad a Cristo. Tan sólo pregúnteles a las multitudes de creyentes a lo largo de dos milenios que han sufrido y muerto por su fe. Si le pregunta a cada uno de ellos, "¿Valió la pena?", responderán muy fuerte y al unísono: "¡Sí!". Ningún precio es muy alto para un ciudadano del Reino en el servicio a su Rey.

Los ciudadanos del Reino no le temen a los sufrimientos, las pruebas y la oposición que son pasajeras porque en Cristo aún la muerte misma ya no es una cosa digna de ser temida. Todos los sufrimientos son temporales. Lo que debemos hacer es asegurarnos que *nosotros* no somos temporales porque fuimos creados para la eternidad. Los huracanes se mueven produciendo destrucción y vientos temibles pero también desaparecen. No entre en pánico, pase lo que pase—manténgase firme en su fe y deje que las pruebas desaparezcan—. Nuestro Rey nos llama a mantenernos firmes y nos habilita para resistir. La fe es la llave que nos da acceso a la resistencia. La fe del Reino nos reviste con la armadura de Dios—y por lo tanto forma parte de esa armadura— que nos permite resistir ante cualquier enemigo o desafío, ya sea natural o sobrenatural. Pablo explica este asunto para nosotros:

> *Por último, fortalézcanse con el gran poder del Señor. Pónganse toda la armadura de Dios para que puedan hacer frente a las artimañas del diablo. Porque nuestra lucha no es contra seres humanos, sino contra poderes, contra autoridades, contra potestades que dominan este mundo de tinieblas, contra fuerzas espirituales malignas en las regiones celestiales. Por lo tanto, pónganse toda la armadura de Dios, para que cuando llegue el día malo puedan resistir hasta el fin con firmeza. Manténganse firmes, ceñidos con el cinturón de la verdad, protegidos por la coraza de justicia, y calzados con la disposición de proclamar el evangelio de la paz. Además de todo esto, tomen el escudo de la fe, con el cual pueden apagar todas las flechas encendidas del maligno. Tomen el casco de la salvación y la espada del Espíritu, que es la palabra de Dios. Oren en el Espíritu en todo momento, con peticiones y ruegos. Manténganse alerta y perseveren en oración por todos los santos* (Efesios 6:10-18).

Fíjese que Pablo compara la fe con un escudo, es decir, un arma *defensiva*. No necesitaríamos la fe si jamás tuviéramos batallas que ganar. La fe nos protege en medio de las batallas. Generalmente, las pruebas son temporales, de modo que espere hasta el final. Su oposición actual puede llegar a ser en diez años su realidad victoriosa, así que no se preocupe, sólo ore a Dios. Mire este sencillo testimonio: No me gustaron algunos comportamientos de mi esposa cuando la conocí inicialmente. Pero créame, estoy *muy* contento de que no la deseché en ese entonces. Valió la pena haber esperado a conocerla mejor. Si la hubiera dejado sin conocerla, hubiera perdido la bendición que Dios me tenía preparada. Uno nunca sabe qué cosas buenas y bendiciones están por ocurrir más adelante, así que no permita que los problemas pasajeros lo derroten ahora y lo dejen sin las grandes cosas que están por venir.

El valor de la fe

Uno de los secretos de mi estabilidad en la vida es que no confío en nadie mas que en Dios. Algunos podrán pensar que esta es una actitud muy negativa. Pero no lo es. Lo que quiero decir es que no deposito mi confianza total en ningún ser humano. Si su vida depende de lo que las personas piensan de usted o de la manera como tratan, entonces más vale que lo deje de hacer ahora mismo porque lo amarán hoy y lo odiarán mañana. Estarán hoy con usted, pero lo defraudarán mañana. La única manera de estar firmes es manteniendo la fe en el Señor.

Recuerde, su fe es la fuerza más importante que posee. Entonces, mantenga la fe mientras participe en la carrera de la vida. A medida que sostenga su vida en Dios por medio de la fe, permita que sus creencias y convicciones, que vienen de Él, generen confianza para su vida diaria. Luego, cuando se levante para afrontar las pruebas y los sufrimientos que lleguen a su vida, muestre su fe y será perfectamente obvia para los demás. Verán el poder de Dios obrando en usted y le darán la gloria a Él.

Su fe requiere pasar las pruebas. Como lo dije anteriormente, cada confesión de su fe será probada. Si usted desea transitar tranquilamente por la vida, no ande por ahí fanfarroneando de su fe. Si no quiere ser probado, mantenga su boca cerrada. Esta es una ley fundamental del Reino. El problema de muchas personas consiste en que no pueden vivir con la boca cerrada. Pídale a Dios esa gracia para que tenga cuidado con lo que dice. No sea como el apóstol Pedro que se jactó de que jamás abandonaría al Señor Jesús y unas horas más tarde lo negó.

Jesús incluso le advirtió a Pedro de antemano: *"Simón, Simón, mira que Satanás ha pedido [insistido] zarandearlos [probarlos] a ustedes como si fueran trigo. Pero yo he orado por ti, para que no falle tu fe. Y tú, cuando te hayas vuelto a mí, fortalece a tus hermanos"* (Lucas 22:31-32). Recuerde: será probada cada confesión de su fe. Pedro hizo alarde de sus capacidades y Satanás dijo al Señor: "Déjame probar si eso es verdad". La verdad evidente es que no podemos vivir la fe del Reino sin hablar al respecto, y siempre que hablemos de ella nos disponemos a ser probados. Así que más vale que nos preparemos orando. ¿Qué tan sólida es su fe? Usted lo sabrá cuando lleguen las pruebas. Haga todo lo posible mientras tanto para edificar su fe por medio de la oración y del estudio de la Palabra de Dios para que pueda permanecer firme cuando lleguen las pruebas.

Fíjese que Jesús le dijo a Pedro: "Cuando hayas regresado, fortalece a tus hermanos". Ninguno de nosotros tiene el derecho de predicarle a nadie hasta que hayamos sobrevivido a algunas pruebas que fortalecen nuestra fe. Las personas que más critican son muchas veces las que nunca han caminado por el sendero de la fe. No han sido probados en el fuego de las dificultades que perfeccionan el carácter. Así que, pregúntese así mismo antes de criticar a su hermano o hermana: "¿He vivido lo que él ha vivido?" "¿He hecho lo que ella ha hecho?". ¿Cómo puede usted decidir sobre la culpabilidad de alguien cuando no ha pasado por la prueba usted mismo? "Después de ser probado—le dijo Jesús a Pedro—vaya y hable para fortalecer a los demás".

La crítica es una señal de inmadurez. Es el resultado de la falsa creencia de que somos mejores que otros. Nunca critique a una persona cuya historia desconoce o si no tiene idea de las cicatrices que lleva en su corazón, ni de las lecciones ha aprendido, ni de la sabiduría que posee en su espíritu.

Superar la prueba de su fe es la señal de ser un ciudadano del Reino. Las pruebas nos maduran pero también nos ayudan a mantener la disciplina. Y nuestro Padre celestial sabe que la disciplina nos prepara para superar las dificultades de la vida, así como lo sabe cualquier padre amoroso. El autor de la carta a los Hebreos define así la conexión entre "disciplina y crecimiento" de la fe:

> *En la lucha que ustedes libran contra el pecado, todavía no han tenido que resistir hasta derramar su sangre. Y ya han olvidado por completo las palabras de aliento que como a hijos se les dirige:«Hijo mío, no tomes a la ligera la disciplina del Señor ni te desanimes cuando te reprenda, porque el Señor disciplina a los que ama, y azota a todo el que recibe como hijo.»*
>
> *Lo que soportan es para su disciplina, pues Dios los está tratando como a hijos. ¿Qué hijo hay a quien el padre no disciplina? Si a ustedes se les deja sin la disciplina que todos reciben, entonces son bastardos y no hijos legítimos. Después de todo, aunque nuestros padres humanos nos disciplinaban, los respetábamos. ¿No hemos de someternos, con mayor razón, al Padre de los espíritus, para que vivamos? En efecto, nuestros padres nos disciplinaban por un breve tiempo, como mejor les parecía; pero Dios lo hace para nuestro bien, a fin de que participemos de su santidad.* (Hebreos 12:4-10).

Cobre usted ánimo basado en el conocimiento de que es un indicio de su fe y de su ciudadanía del Reino siempre que afronte dificultad. Dios lo trata como un hijo o hija cuando lo disciplina. Su meta es prepararlo para que *"participemos de su santidad"*. Dicho de otro modo, Él lo moldea a usted para que sea como Él. Tal como lo señala Pedro, así es como debe ocurrirnos a los creyentes:

> *Queridos hermanos, no se extrañen del fuego de la prueba que están soportando, como si fuera algo insólito. Al contrario, alégrense de tener parte en los sufrimientos de Cristo, para que también sea inmensa su alegría cuando se revele la gloria de Cristo. Dichosos ustedes si los insultan por causa del nombre de Cristo, porque el glorioso Espíritu de Dios reposa sobre ustedes... Pero si alguien sufre por ser cristiano, que no se avergüence, sino que alabe a Dios por llevar el nombre de Cristo* (1 Pedro 4:12-14, 16).

Pedro nos dice que no nos extrañemos cuando suframos el "fuego de la prueba". ¿Por qué no? Porque los sufrimientos forman una parte normal de la vida y la cultura del Reino. No habrá sufrimientos en la vida venidera; pero en esta vida nos ayudan a prepararnos para la siguiente vida. Ninguno de nosotros que formamos parte de la cultura del Cielo deberíamos decir: "Me pregunto por qué esto me ocurre a mí". Jamás nos debemos extrañar—o desanimar— cuando lleguen los sufrimientos. Algunos quizás le pregunten: "¿Si usted cree en Dios, por qué le ocurre eso?". Nuestra respuesta debería ser: "Eso es lo normal en esta vida terrenal. De hecho, es algo normal para nosotros porque forma parte de nuestra cultura. Es sólo una cosa pasajera. Pero recuerde que somos más fuertes que todas esas pruebas". ¡Vaya!, qué testimonio tan apropiado para un mundo que necesita urgentemente la esperanza y las buenas respuestas.

Esa es la cultura del Reino. Ni siquiera gastemos palabras preguntándole a Dios: "¿Por qué yo?" Los verdaderos creyentes sabemos que nuestros sufrimientos cimientan la paciencia en nuestro corazón y establecen la disciplina en nuestra vida para actuar correctamente.

Muchos creyentes tienen la idea equivocada de que confiar en Jesús los protege de los problemas. Este es un concepto religioso; no es un principio bíblico. Si declaramos ser ciudadanos del Reino, debemos estar listos para probarlo. Pablo dijo que todos los que deseen vivir devotamente en Jesucristo *sufrirán* persecución; esto es un hecho. ¿Por qué? Porque esta es la manera como los cristianos demostramos que pertenecemos a otra cultura: la cultura del Reino. En lugar de preocuparnos por nuestros sufrimientos, Pedro dice que debemos "alegrarnos" de participar en los "sufrimientos de Cristo". Para parafrasear a Pedro, digamos que debemos alegrarnos de nuestros sufrimientos porque demuestran que vivimos en la cultura del Reino. Jesús manejó cada problema con este mismo principio. Él pasó todas las pruebas y agradó a Dios.

Pedro dijo que venceremos al mundo de la misma manera que lo hizo Jesús y con el mismo poder. Superaremos las dificultades y saldremos firmes, resistentes y aún más fuertes que cuando comenzamos. De esta forma será inmensa nuestra *alegría cuando se revele la gloria de Cristo*. ¿Qué es la gloria de Cristo? Es su naturaleza. La naturaleza de Dios que se revelará en nosotros por medio de las pruebas que soportemos. Dios no quiere que seamos cobardes porque la cobardía es algo ajeno a su naturaleza. Podemos permanecer firmes, sólidos y comprometidos a través de la fe en Él, mientras el mundo puede ver que se revela en nosotros la gloria de su naturaleza. Si nos insultan debido al nombre de Cristo, debemos considerarnos bendecidos. Esto demuestra que la naturaleza de Dios descansa en nosotros.

Los principios del Reino

*La mayor prueba de un país es su capacidad de proteger
y preservar su cultura.*

*La solidez de la cultura de un país está en su capacidad
de vencer a las contraculturas.*

*La prueba más grande de la fuerza cultural son las
contra-corrientes sociales.*

*La cultura del Reino del Cielo—la fe— vencerá a to-
das las culturas de la tierra.*

*La prueba de nuestra fe es la señal de ser ciudadanos
del Reino. Las pruebas nos maduran, pero también nos
ayudan a mantener la disciplina.*

CAPÍTULO 10

La fe que vence al mundo

"La fe consiste en subir el primer peldaño aún cuando no veas toda la escalera" —Martin Luther King Jr.

El Reino de Dios es audaz. A medida que crecemos en nuestra vida de fe desarrollamos un grado saludable de valentía con relación a las circunstancias actuales y a las potencialidades futuras. ¿Dónde está usted en su escala de crecimiento espiritual? ¿Aún lucha con los asuntos de la fe, forcejea con el temor y le cuesta trabajo confiar en Dios, incluso para sus necesidades diarias? Es posible que usted haya madurado hasta el punto donde le puede decir honestamente a un amigo o a un vecino: "Ya no me asustan las pruebas que afronto."

En definitiva, a los ciudadanos del Reino no les importa lo que pase con la economía, el desempleo, las ejecuciones hipotecarias, las pérdidas de inversión y de propiedad, los fracasos comerciales, los incendios, las inundaciones, los desastres naturales y otras cosas más. Tan doloroso y difícil como parezca, estas cosas son realmente insignificantes en el esquema eterno de Dios. No temeremos ni nos preocuparemos por estas cosas si caminamos por la fe como ciudadanos del Reino, porque nuestra fe no está en estas cosas; nuestra fe no depende de ellas. Podemos hacerle frente a la vida y a sus retos sin temor porque nuestra confianza está en el Dios que nunca cambia, que no se puede zarandear y que reina sobre un Reino eterno.

Entonces, ¿cómo podemos deshacernos del temor? Abramos completamente nuestro corazón al amor de Dios. Permitamos que su amor nos llene y se rebose en nosotros. El amor de Dios es perfecto y el amor perfecto echa fuera el temor (ver 1 Juan 4:18). Otro antídoto contra el temor es la experiencia y la confianza que nos llegan al perseverar en medio de las pruebas. Cada prueba que resistamos nos deja con una razón menos para estar asustados. Una vez que sobrevivamos a una prueba, los futuros ataques ya no nos asustarán porque ahora sabremos cómo confiar en Dios.

¿Hasta dónde ha sido probada su fe? ¿Se ha encontrado diciendo de una situación en particular "jamás pensé que se limitaba a esto"? ¡Bien, prepárese, porque no ha visto nada todavía! Las cosas empeorarán, justo cuando piense que es imposible que se pongan peor. Lo verá, justo cuando pase más tiempo. Pero esto aún no es causa para tener temor, porque la fe le dará la fortaleza para vencer cualquier obstáculo que enfrente.

¿Hasta dónde ha sido probada su fe? La mayoría de nosotros sobrestimamos la magnitud de nuestras pruebas. Tendemos a pensar que tenemos que aguantar mucho cuando en realidad a penas rozamos la superficie del sufrimiento. El autor de Hebreos nos describe a muchos de nosotros cuando dice: *"En la lucha que ustedes libran contra el pecado, todavía no han tenido que resistir hasta derramar su sangre"* (Hebreos 12:4). En otras palabras, la mayoría de nosotros no tiene ni idea de lo que es el sufrimiento. Dios, con su gracia, nos ha librado hasta ahora de este sufrimiento.

Recuerde; Dios no permitirá que seamos tentados (probados) más allá de nuestra capacidad de resistencia. Él asigna las pruebas según nuestras capacidades. A medida que crezca nuestra fe también crecerá la severidad de las pruebas que Dios permite en nuestra vida. Al final, sin embargo, la fe del Reino probará ser más fuerte que la misma muerte. Es por esto que multitudes de creyentes a lo largo de los siglos han afrontado el martirio con audacia, valentía e incluso con alegría. Saben que ni siquiera la muerte misma los puede destruir.

Los beneficios de los sufrimientos en el Reino

¿Qué beneficios obtenemos de los sufrimientos? Hemos hablado bastante en este libro sobre la esperanza, la estabilidad, la madurez, la confianza, la disciplina, la sabiduría, la durabilidad, la perseverancia, la perspectiva (aprender a ver desde el punto de vista de Dios en lugar del nuestro), el poder, el valor y el discernimiento (distinguir entre lo trivial y lo verdaderamente importante). Quizás el mayor beneficio de todos es proporcionarnos la autenticidad de nuestra fe. Esto se traduce en darle la gloria a Dios. Todo esto forma parte de la "oferta" completa de salvación que recibimos de Dios. El apóstol Pedro lo explica de la siguiente manera:

¡Alabado sea Dios, Padre de nuestro Señor Jesucristo! Por su gran misericordia, nos ha hecho nacer de nuevo mediante la resurrección de Jesucristo, para que tengamos una esperanza viva y recibamos una herencia indestructible, incontaminada e inmarchitable. Tal herencia está reservada en el cielo para ustedes, a quienes el poder de Dios protege mediante la fe hasta que llegue la salvación que se ha de revelar en los últimos tiempos. Esto es para ustedes motivo de gran alegría, a pesar de que hasta ahora han tenido que sufrir diversas pruebas por un

tiempo. El oro, aunque perecedero, se acrisola al fuego.
Así también la fe de ustedes, que vale mucho más que
el oro, al ser acrisolada por las pruebas demostrará que
es digna de aprobación, gloria y honor cuando Jesucristo
se revele. Ustedes lo aman a pesar de no haberlo visto; y
aunque no lo ven ahora, creen en él y se alegran con un
gozo indescriptible y glorioso, pues están obteniendo la
meta de su fe, que es su salvación (1 Pedro 1:3-9).

Conseguimos tener una fe cada vez más profunda por medio de las pruebas, y por consiguiente, un entendimiento mayor de lo que en realidad significa nuestra salvación en Cristo. Considere por un instante los beneficios de la salvación que se mencionan en este pasaje de Pedro: un nuevo nacimiento; una esperanza viva; una herencia indestructible; una protección con el poder de Dios; una alegría que trasciende el sufrimiento; una fe que es acrisolada y, por lo tanto, muy valiosa; un amor cada vez más intenso por Dios; y una certeza gozosa por el amor de Dios hacia nosotros.

Así se vuelve más sencillo entender por qué Pedro nos dice que nos alegremos en medio de las pruebas. Una vez que nos damos cuenta de que el amor aleja el temor, entendemos que todo es posible en Cristo que nos fortalece. Las pruebas nos ayudan a demostrar la autenticidad de nuestra fe y nos dan una convicción inquebrantable de que todos estos beneficios de la salvación pertenecen verdaderamente a nosotros como ciudadanos del Reino, por la gracia de Cristo. Nuestra confianza también crece durante los sufrimientos cuando recordamos que Dios sólo nos permite afrontar las pruebas que podemos sobrellevar. De esta manera debemos ver cada prueba que afrontamos como un voto de confianza de parte de Dios. Las pruebas que nos llegan muestran lo mucho que Dios piensa en nosotros.

La importancia de una fe genuina

Es extremadamente importante demostrar la autenticidad de nuestra fe porque hay muchos supuestos "creyentes" con una fe falsa o con conceptos confusos y equivocados de la fe. Una fe falsa puede fanfarronear pero jamás sobrevivirá a las pruebas, a los fuegos acrisoladores de la tribulación. El lenguaje es vacío y a menudo superficial. El lenguaje de la fe debe ser respaldado con las obras. Recuerde las palabras de Pablo: *"Vivimos por fe, no por vista"* (2 Corintios 5:7). También escribió en un tono parecido en otra parte: *"Así que les digo: Vivan por el Espíritu, y no seguirán los deseos de la naturaleza pecaminosa"* (Gálatas 5:16).

La fe del Reino rara vez toma el camino fácil porque esa es la manera de actuar del mundo. Recuerde que el Señor Jesús dijo:

> *Entren por la puerta estrecha. Porque es ancha la puerta y espacioso el camino que conduce a la destrucción, y muchos entran por ella. Pero estrecha es la puerta y angosto el camino que conduce a la vida, y son pocos los que la encuentran* (Mateo 7:13-14).

Muchas personas asumen que la fe no es nada más que un asentimiento mental de una serie de convicciones, pero la fe verdadera es mucho más que eso. La fe verdadera no sólo afecta la manera como pensamos y creemos sino también la forma en que vivimos y actuamos. La fe verdadera nos transforma de adentro hacia afuera y *siempre* se manifiesta así misma con el lenguaje y la vida consecuente. Santiago lo dijo de la siguiente manera:

> *Hermanos míos, ¿de qué le sirve a uno alegar que tiene fe, si no tiene obras? ¿Acaso podrá salvarlo esa fe? Supongamos que un hermano o una hermana no tienen con qué vestirse y carecen del alimento diario, y uno de*

ustedes les dice: «Que les vaya bien; abríguense y coman hasta saciarse», pero no les da lo necesario para el cuerpo. ¿De qué servirá eso? Así también la fe por sí sola, si no tiene obras, está muerta.

Sin embargo, alguien dirá: «Tú tienes fe, y yo tengo obras.»

Pues bien, muéstrame tu fe sin las obras, y yo te mostraré la fe por mis obras (Santiago 2:14-18).

La verdadera fe y la acción van juntas. El Señor Jesús dijo:

"Cuídense de los falsos profetas. Vienen a ustedes disfrazados de ovejas, pero por dentro son lobos feroces. Por sus frutos los conocerán. ¿Acaso se recogen uvas de los espinos, o higos de los cardos? Del mismo modo, todo árbol bueno da fruto bueno, pero el árbol malo da fruto malo. Un árbol bueno no puede dar fruto malo, y un árbol malo no puede dar fruto bueno. Todo árbol que no da buen fruto se corta y se arroja al fuego. Así que por sus frutos los conocerán."

"No todo el que me dice: "Señor, Señor", entrará en el reino de los cielos, sino sólo el que hace la voluntad de mi Padre que está en el cielo." (Mateo 7:15-21).

Las pruebas y los sufrimientos de la vida separan rápidamente lo falso de lo verdadero cuando se trata de la fe. Lo falso no tiene aguante. Jesús trazó claramente esta distinción en su parábola de las semillas y el sembrador:

Y les dijo en parábolas muchas cosas como éstas: Un sembrador salió a sembrar. Mientras iba esparciendo

*la semilla, una parte cayó junto al camino, y llegaron
los pájaros y se la comieron. Otra parte cayó en terreno pedregoso, sin mucha tierra. Esa semilla brotó
pronto porque la tierra no era profunda; pero cuando salió el sol, las plantas se marchitaron y, por no
tener raíz, se secaron. Otra parte de la semilla cayó entre
espinos que, al crecer, la ahogaron. Pero las otras semillas
cayeron en buen terreno, en el que se dio una cosecha que
rindió treinta, sesenta y hasta cien veces más de lo que se
había sembrado. El que tenga oídos, que oiga…*

*Escuchen lo que significa la parábola del sembrador:
Cuando alguien oye la palabra acerca del reino y no la
entiende, viene el maligno y arrebata lo que se sembró
en su corazón. Ésta es la semilla sembrada junto al
camino. El que recibió la semilla que cayó en terreno
pedregoso es el que oye la palabra e inmediatamente la
recibe con alegría; pero como no tiene raíz, dura poco
tiempo. Cuando surgen problemas o persecución a causa de la palabra, en seguida se aparta de ella. El que
recibió la semilla que cayó entre espinos es el que oye la
palabra, pero las preocupaciones de esta vida y el engaño de las riquezas la ahogan, de modo que ésta no llega
a dar fruto. Pero el que recibió la semilla que cayó en
buen terreno es el que oye la palabra y la entiende. Éste
sí produce una cosecha al treinta, al sesenta y hasta al
ciento por uno* (Mateo 13:3-9; 18-23).

Observe todas las palabras relacionadas con las "pruebas" en
esta historia: *pedregoso, marchitar, ahogar, problemas, persecución, preocupaciones, engaño de las riquezas.* Este es el tipo de cosas que separan lo verdadero de lo falso. Muchas personas tienen una fe
superficial con poca raíz o profundidad. Parecen estar bien por

un rato, siempre que las cosas salgan bien. Pero en el momento que pasan por un terreno escabroso, su "fe" queda expuesta a lo que realmente es: una actitud superficial que dice "bendígame". Esta es una actitud completamente inadecuada para sobrellevar las pruebas y los desafíos normales de la vida.

También hay otros que buscan usar la fe para su beneficio propio como la consecución de una vida libre de preocupaciones o la adquisición de riquezas. Abandonan rápidamente su fe y la cambian por otra cosa cuando ninguna de estas les llega. Sólo la fe verdadera se mantiene firme hasta el final y disfruta la bendición y la recompensa de una cosecha abundante.

Ponga sus pies sobre un terreno firme. Aferre su fe a la Roca verdadera: Jesucristo. Confíe sólo en Él porque él nunca lo defraudará. A medida que se mantenga firme con la fortaleza de Jesucristo, usted lo glorificará. Las personas alabarán a Dios de parte suya cuando pasen con él por las pruebas. Entonces dirán: "¡Vaya! Su Dios lo fortaleció. Pensé que no lo lograría pero Él lo hizo salir adelante!". Verán su fortaleza, no una actitud de quien evade. Jamás deberíamos ser conocidos por los sufrimientos que evitamos. Su reputación deberá establecerse sobre las pruebas que superó con la ayuda de Dios. Dios tendrá un impacto sobre las personas por medio del testimonio que usted les muestre, no por las cosas que nunca experimentó.

La fe artificial le teme al fracaso porque lo ve como una señal de debilidad. Por eso una fe falsa muestra únicamente las apariencias. No le tema al fracaso. No se deje afectar sólo porque no ganó en la primera prueba. A veces es bueno perder. Esto prueba nuestro carácter. Y muchas veces aprendemos tanto o más de nuestros errores y fracasos que de nuestros éxitos. Dude de confiar en alguien que jamás haya perdido algo.

Las pruebas son, por esta razón, un prerrequisito para el liderazgo. Pablo le ordenó a Timoteo no nombrara líderes de la iglesia que no hubieran sido probados (ver 1 Timoteo 3:10). Hablaba específicamente de los diáconos, pero la condición se refiere igualmente a todos los aspirantes a líderes. La educación en los colegios no es una garantía de la capacidad de liderazgo. Lo que importa es la fe que se demuestra por medio de las pruebas. Lo último que necesita la Iglesia son los "asalariados" para el liderazgo. Por eso el Señor Jesús dijo:

> *Yo soy el buen pastor. El buen pastor da su vida por las ovejas. El asalariado no es el pastor, y a él no le pertenecen las ovejas. Cuando ve que el lobo se acerca, abandona las ovejas y huye; entonces el lobo ataca al rebaño y lo dispersa. Y ese hombre huye porque, siendo asalariado, no le importan las ovejas* (Juan 10:11-13).

Un asalariado es alguien que se contrata para un cargo para el cual invierte poco o ningún interés personal. Pero este individuo no ha sido probado para ver si tiene aguante o no. Un asalariado abandona su puesto cuando llega la dificultad porque no tiene el compromiso que va más allá de lo que requiere su sueldo. Después de todo, siempre habrá otros empleos. Las pruebas de los líderes leales determinarán su disciplina y carácter para pastorear a las personas con el mismo espíritu de su Señor.

Los siete roles de la fe del Reino

Al acercarnos al final de este estudio sobre la fe del Reino quiero compartir los siete roles principales que desempeña la fe del Reino en la medida en que se relacionan con nosotros y con nuestro lugar en el Reino de Dios. Además de servir como un repaso de las verdades que hemos considerado a lo largo de este libro, también vuelven a hacer hincapié en la naturaleza imprescindible de la fe en la vida del Reino.

1. *La fe del Reino es la forma adecuada para ingresar al Reino.* La fe no viene de nosotros sino que es un regalo que Dios nos da mediante la gracia y el amor de Dios:

    > *Pero Dios, que es rico en misericordia, por su gran amor por nosotros, nos dio vida con Cristo, aun cuando está-bamos muertos en pecados. ¡Por gracia ustedes han sido salvados! Y en unión con Cristo Jesús, Dios nos resu-citó y nos hizo sentar con él en las regiones celestiales, para mostrar en los tiempos venideros la incomparable riqueza de su gracia, que por su bondad derramó sobre nosotros en Cristo Jesús. Porque por gracia ustedes han sido salvados mediante la fe; esto no procede de ustedes, sino que es el regalo de Dios, no por obras, para que nadie se jacte. Porque somos hechura de Dios, creados en Cristo Jesús para buenas obras, las cuales Dios dis-puso de antemano a fin de que las pongamos en práctica* (Efesios 2:4-10).

Sin la fe es imposible agradar a Dios (ver Hebreos 11:6). Esto quiere decir que nadie va al Reino de Dios sin la fe.

2. *La fe del Reino es nuestra fuente de paz en el Reino.* La paz llega sólo como un regalo de Dios, así como la fe misma:

    > *La paz les dejo; mi paz les doy. Yo no se la doy a ustedes como la da el mundo. No se angustien ni se acobarden* (Juan 14:27).

    > *Yo les he dicho estas cosas para que en mí hallen paz. En este mundo afrontarán aflicciones, pero ¡anímense! Yo he vencido al mundo* (Juan 16:33).

Como la paz que da Jesús no proviene del mundo, este no la entiende. La paz de Cristo es más grande, más profunda, más rica y más completa que cualquier paz que se pueda imaginar el mundo porque es una paz que encuentra su fuente en Dios. No hay paz por fuera de Dios.

> *No se inquieten por nada; más bien, en toda ocasión, con oración y ruego, presenten sus peticiones a Dios y denle gracias. Y la paz de Dios, que sobrepasa todo entendimiento, cuidará sus corazones y sus pensamientos en Cristo Jesús* (Filipenses 4:6-7).

3. *La fe del Reino es la moneda del Reino.* Sin ella no se hace ningún negocio en el Reino.

> *Se hará con ustedes conforme a su fe* (Mateo 9:29b).

> *En realidad, sin fe es imposible agradar a Dios, ya que cualquiera que se acerca a Dios tiene que creer que él existe y que recompensa a quienes lo buscan* (Hebreos 11:6).

La moneda de la fe nos da acceso a las riquezas y a los recursos del Reino:

> *Para el que cree, todo es posible* (Marcos 9:23b).

> *Si ustedes creen, recibirán todo lo que pidan en oración* (Mateo 21:22).

> *Por eso les digo: Crean que ya han recibido todo lo que estén pidiendo en oración, y lo obtendrán* (Marcos 11:24).

> *Ésta es la confianza que tenemos al acercarnos a Dios: que si pedimos conforme a su voluntad, él nos oye. Y si sabemos que Dios oye todas nuestras oraciones,*

*podemos estar seguros de que ya tenemos lo que le hemos
pedido* (1 Juan 5:14-15).

Obtenemos las cosas del Reino a cambio de la fe.

4. *La fe del Reino es la cultura del Reino.* El Reino de Dios vive y
respira por la fe.

> *Pues ¿qué dice la Escritura? «Le creyó Abraham a Dios, y
> esto se le tomó en cuenta como justicia.»* (Romanos 4:3).

> *De hecho, en el evangelio se revela la justicia que pro-
> viene de Dios, la cual es por fe de principio a fin, tal como
> está escrito: «El justo vivirá por la fe.»* (Romanos 1:17).

> *Vivimos por fe, no por vista* (2 Corintios 5:7).

> *He sido crucificado con Cristo, y ya no vivo yo sino que
> Cristo vive en mí. Lo que ahora vivo en el cuerpo, lo
> vivo por la fe en el Hijo de Dios, quien me amó y dio su
> vida por mí* (Gálatas 2:20).

> *Ahora bien, es evidente que por la ley nadie es justi-
> ficado delante de Dios, porque «el justo vivirá por la
> fe»* (Gálatas 3:11).

Cualquier cultura sin la fe no es una cultura del Reino. Sin la
fe no *existe* la cultura del Reino.

5. *La fe del Reino es la señal del Reino.* La forma principal en que
el mundo ve y conoce la realidad del Reino de Dios es por
medio de la fe de los ciudadanos del Reino.

> *Ustedes son la sal de la tierra. Pero si la sal se vuelve
> insípida, ¿cómo recobrará su sabor? Ya no sirve para
> nada, sino para que la gente la deseche y la pisotee.*

Ustedes son la luz del mundo. Una ciudad en lo alto de una colina no puede esconderse. Ni se enciende una lámpara para cubrirla con un cajón. Por el contrario, se pone en la repisa para que alumbre a todos los que están en la casa. Hagan brillar su luz delante de todos, para que ellos puedan ver las buenas obras de ustedes y alaben al Padre que está en el cielo (Mateo 5:13-16).

Este mandamiento nuevo les doy: que se amen los unos a los otros. Así como yo los he amado, también ustedes deben amarse los unos a los otros. De este modo todos sabrán que son mis discípulos, si se aman los unos a los otros (Juan 13:34-35).

Porque Dios, que ordenó que la luz resplandeciera en las tinieblas, hizo brillar su luz en nuestro corazón para que conociéramos la gloria de Dios que resplandece en el rostro de Cristo.

Pero tenemos este tesoro en vasijas de barro para que se vea que tan sublime poder viene de Dios y no de nosotros (2 Corintios 4:6-7).

La fe y el amor que mostramos hacia Dios, así como el amor que mostramos por nuestros semejantes creyentes, dan muestras claras al mundo de que el Reino de Dios es real.

6. *La fe del Reino es la vida del Reino.* Encontramos vida—la vida real, abundante y duradera—y nos apropiamos de ella mediante la fe, únicamente en el Reino de Dios.

En el camino de la justicia se halla la vida; por ese camino se evita la muerte (Proverbios 12:28).

Porque tanto amó Dios al mundo, que dio a su Hijo unigénito, para que todo el que cree en él no se pierda, sino que tenga vida eterna. Dios no envió a su Hijo al mundo para condenar al mundo, sino para salvarlo por medio de él. El que cree en él no es condenado, pero el que no cree ya está condenado por no haber creído en el nombre del Hijo unigénito de Dios. (Juan 3:16-18).

La mentalidad pecaminosa es muerte, mientras que la mentalidad que proviene del Espíritu es vida y paz (Romanos 8:6).

La fe es el sustento mismo de todo ciudadano del Reino.

7. *La fe del Reino crea el ambiente del Reino.* Un ambiente lleno de fe produce milagros. Las vidas cambian cuando la fe está presente, lo cual es el milagro más grande de todos.

En esto, una mujer que hacía doce años padecía de hemorragias se le acercó por detrás y le tocó el borde del manto. Pensaba: «Si al menos logro tocar su manto, quedaré sana.» Jesús se dio vuelta, la vio y le dijo: ¡Ánimo, hija! Tu fe te ha sanado.

Y la mujer quedó sana en aquel momento (Mateo 9:20-22).

¡Mujer, qué grande es tu fe! —contestó Jesús—. Que se cumpla lo que quieres. Y desde ese mismo momento quedó sana su hija (Mateo 15:28).

¿Qué quieres que haga por ti? —le preguntó.

Rabí, quiero ver —respondió el ciego.

Puedes irte —le dijo Jesús—; tu fe te ha sanado. Al momento recobró la vista y empezó a seguir a Jesús por el camino (Marcos 10:51-52).

En Listra vivía un hombre lisiado de nacimiento que no podía mover las piernas y nunca había caminado. Estaba sentado, escuchando a Pablo, quien al reparar en él y ver que tenía fe para ser sanado le ordenó con voz fuerte: ¡Ponte en pie y enderézate! El hombre dio un salto y empezó a caminar (Hechos 14:8-10).

La fe viene como resultado de oír el mensaje, y el mensaje que se oye es la Palabra de Dios (ver Romanos 10:17). Nuestra creencia surge del ambiente de la fe, lo cual es la forma como nos volvemos ciudadanos activos en el Reino de Dios. No obtenemos las cosas de parte de Dios sólo por *afirmar* que creemos en Dios; obtenemos las cosas de parte de Dios porque *creemos* en Dios. La diferencia depende frecuentemente de la presencia o la ausencia de las pruebas. No llegamos a conocer y a creer verdaderamente en Dios hasta que pasemos por una dura prueba. Descubrimos al Dios completamente suficiente cuando nos despojan de todos nuestros recursos y cuando no aguantamos más.

La fe que vence al mundo

Mientras usted tenga fe, usted seguirá triunfante en el camino de la vida. Y no necesita demasiada fe, sino que la fe debe ser real. Hasta el pedazo más diminuto de fe verdadera puede hacer cosas increíbles:

Entonces los apóstoles le dijeron al Señor: ¡Aumenta nuestra fe!

Si ustedes tuvieran una fe tan pequeña como un grano de mostaza —les respondió el Señor—, podrían decirle a este árbol: "Desarráigate y plántate en el mar", y les obedecería (Lucas 17:5-6).

> *Tengan fe en Dios —respondió Jesús—. Les aseguro*
> *que si alguno le dice a este monte: "Quítate de ahí y*
> *tírate al mar", creyendo, sin abrigar la menor duda de*
> *que lo que dice sucederá, lo obtendrá. Por eso les digo:*
> *Crean que ya han recibido todo lo que estén pidiendo en*
> *oración, y lo obtendrán* (Marcos 11:22-24).

¿Hemos visto recientemente que algún árbol o que algunos montes hayan sido arrancados de raíz y lanzados al mar? ¿No? ¿Qué dice esto sobre la calidad de nuestra fe? Tal como lo indican estos versículos, el *tamaño* de nuestra fe no es el punto en cuestión, ¡la *presencia* sí lo es! Basta tan sólo el grano más pequeño de fe verdadera para mover una montaña, ya sea una montaña de mala salud, una montaña de dificultad financiera, una montaña de crítica y oposición, o una montaña de desempleo. Sea la montaña que sea, todo lo que necesita para moverla es un grano de fe pura, el centavo más pequeño de la moneda del Reino. ¿Usted puede ver ahora por qué la Biblia dice que nuestra fe vencerá al mundo?

Escuche la voz de Dios. Él dice: "El tamaño de su montaña no es el asunto. La magnitud de las pruebas que afronta no es el asunto. El punto en cuestión es este: ¿Crees en mí?".

Si puede responder honestamente "Sí" a esta pregunta, prepárese para ver mover las montañas de su vida como nunca antes. Quizás esto no suceda hoy ni mañana o ni siquiera en un año a partir de ahora, pero llegará el "día del desplazamiento". Llegará en el tiempo y según los métodos de Dios. La fe del Reino vence al mundo. ¡Está garantizado!

> *...porque todo el que ha nacido de Dios vence al mun-*
> *do. Ésta es la victoria que vence al mundo: nuestra fe.*
> *¿Quién es el que vence al mundo sino el que cree que*
> *Jesús es el Hijo de Dios?* (1 Juan 5:4-5).

Los principios del Reino

La fe del Reino es la forma para ingresar al Reino.

La fe del Reino es nuestra fuente de paz en el Reino.

La fe del Reino es la moneda del Reino.

La fe del Reino es la cultura del Reino.

La fe del Reino es la señal del Reino.

La fe del Reino es la vida del Reino.

La fe del Reino crea el ambiente del Reino.

La fe del Reino vence al mundo, ¡garantizado!

Conclusión

La vida siempre va a estar llena de misterios y de preguntas que no podremos resolver. Siempre vamos a afrontar pruebas, enfermedades y situaciones que desafíen el centro mismo de nuestra confianza y estabilidad. Tendremos a veces momentos de temor, desasosiego, desesperación y confusión que darán origen a la duda, y que nos hacen impotentes y nos dejan inmóviles. La vida nos traerá lo inesperado y lo increíble, enviándonos sacudidas a través de nuestras convicciones y haciendo que nos preguntemos si en realidad existe un Creador amoroso a quien le importe nuestra grave situación.

La vida nos golpeará muchas veces en el punto ciego con obstáculos y presiones que no siguen una pauta. En esencia, la vida es, para cada uno de nosotros, un viaje terrenal que no viene con un mapa. He llegado a la conclusión de que "fuimos creados para vivir por la fe y para explorar lo desconocido con la brújula de la fe." Para vivir eficazmente en esta tierra debemos aceptar el hecho de que tendremos oportunidades para dudar y que será un desafío a todo lo que creemos. Esta es la naturaleza de la vida, y si usted vive en el planeta tierra serán comunes y normales las pruebas y los sufrimientos.

Si usted acepta la realidad de los sufrimientos y las pruebas como un rasgo característico de la vida en la tierra, entonces no se sentirá desilusionado ni abrumado cuando lleguen. De hecho, la mejor arma contra los sufrimientos es verlos como herramientas en las manos de un Escultor hábil dedicado a la tarea de descubrir la imagen perfecta del verdadero hombre que hay en usted. Lo desafío a confiar en el Escultor divino y a tener fe en la visión que

Él tiene de quién es verdaderamente usted. Deseo que usted pueda vivir una vida que abrace el ímpetu de las palabras de Santiago, el gran apóstol del siglo primero, que declaró:

> *Hermanos míos, considérense muy dichosos cuando tengan que enfrentarse con diversas pruebas, pues ya saben que la prueba de su fe produce constancia. Y la constancia debe llevar a feliz término la obra, para que sean perfectos e íntegros, sin que les falte nada* (Santiago 1:2-4).

> *Dichoso el que resiste la tentación porque, al salir aprobado, recibirá la corona de la vida que Dios ha prometido a quienes lo aman* (Santiago 1:12).

Deseo que usted sea inspirado por las palabras de Pedro, el gran patriarca de la Iglesia que reitera los mismos sentimientos en su declaración: *"Esto es para ustedes motivo de gran alegría, a pesar de que hasta ahora han tenido que sufrir diversas pruebas por un tiempo. El oro, aunque perecedero, se acrisola al fuego. Así también la fe de ustedes, que vale mucho más que el oro, al ser acrisolada por las pruebas demostrará que es digna de aprobación, gloria y honor cuando Jesucristo se revele"* (1 Pedro 1:6-7).

Juan, el apóstol amado, infunde aún más este espíritu de la fe, dándonos a usted y a mí el secreto para vencer cada obstáculo en la vida: *"En esto consiste el amor a Dios: en que obedezcamos sus mandamientos. Y éstos no son difíciles de cumplir, porque todo el que ha nacido de Dios vence al mundo. Ésta es la victoria que vence al mundo: nuestra fe"* (1 Juan 5:3-4).

El autor del libro de Hebreos lo resume con las siguientes palabras:

*Pero mi justo vivirá por la fe. Y si se vuelve atrás, no
será de mi agrado* (Hebreos 10:38).

*En realidad, sin fe es imposible agradar a Dios, ya que
cualquiera que se acerca a Dios tiene que creer que él existe
y que recompensa a quienes lo buscan* (Hebreos 11:6).

En conclusión, lo reto a que sea un ciudadano del Reino lleno
de fe. Deseo que usted se pueda poner a la altura de cada ocasión
y enfrente el futuro con una confianza que intimide los sufrimientos y avergüence a los escépticos, sabiendo que nada puede
detener el poder de su fe. Deseo que usted viva según este lema:
"En la duda…tenga fe". Tenga siempre presente que usted tiene
la imagen y la naturaleza de su Creador, una naturaleza que es valiente, audaz y más fuerte que la vida y la muerte. Triunfará, siempre y cuando usted mismo lo crea con la Fe del Reino. Proteja su
capacidad de creer sabiendo que todo es temporal a excepción de
su destino. La duda no es una opción, pero la fe es una necesidad.
Viva y camine diariamente por la fe del Reino y lo veré en el cielo
al otro lado de sus sufrimientos.

Myles Munroe International

The Diplomat Center

P.O. Box N-9583

Nassau, Bahamas

Tel: 242-461-6423

Website: www.mylesmunroeinternational.com

Email: mmi@mylesmunroeinternational.com